FELICIDADE *em* TEMPOS DIFÍCEIS

FELICIDADE *em* TEMPOS DIFÍCEIS

Escrito e ilustrado por
Andrew Matthews

SEXTANTE

Título original: *Happiness in Hard Times*

Tradução: Caroline Kitzinger
Preparo de originais: Sheila Til
Revisão: Ana Grillo e Rafaella Lemos
Projeto gráfico e design de capa: Twocan e Seashell Publishers
Diagramação e adaptação de capa: ô de casa
Impressão e acabamento: Bartira Gráfica e Editora Ltda.

CIP-BRASIL. CATALOGAÇÃO-NA-FONTE
SINDICATO NACIONAL DOS EDITORES DE LIVROS, RJ

M388f

Matthews, Andrew
Felicidade em tempos difíceis / Andrew Matthews [tradução de Caroline Kitzinger]; Rio de Janeiro: Sextante, 2011.
192p.; il.; 14x21 cm

Tradução de: Happiness in hard times
ISBN 978-85-7542-734-7

1. Felicidade. 2. Autoaceitação. 3. Autorrealização (Psicologia). I. Título.

11-6810 CDD: 158.1
CDU: 159.947

Rua Voluntários da Pátria, 45 – Gr. 1.404 – Botafogo
22270-000 – Rio de Janeiro – RJ
Tel.: (21) 2538-4100 – Fax: (21) 2286-9244
E-mail: atendimento@esextante.com.br
www.sextante.com.br

AH, SE EU TIVESSE O CORPO DELA!
AH, SE EU TIVESSE OS DIAMANTES DELA!
AH, SE EU TIVESSE O DINHEIRO DELE!
AH, SE EU TIVESSE A ESPOSA DELE!
©ANDREW MATTHEWS

Sumário

© ANDREW MATTHEWS

1. Aceitação

Durante uma viagem de bicicleta pelo mundo, meu amigo Aden fez uma parada em uma vila na África ocidental para ajudar na construção de uma padaria. Ele disse:

Levamos meses para construir esse estabelecimento. Prensávamos formigueiros para fazer os tijolos. Todos os dias as crianças da vila vinham ajudar. Nenhuma delas tinha sapatos, mas um menininho alegre estava sempre apenas com um pé de meia e o outro descalço. Ele tinha uns 10 anos.

Um dia fui vencido pela curiosidade. Pedi: "Amiguinho, conte a história dessa meia que você sempre usa."

Ele respondeu com orgulho: "Minha mãe a lava toda noite. Eu a uso todo dia."

"Sim, mas por que você usa só uma?"

Ele pareceu surpreso com minha pergunta boba, mas abriu um largo sorriso e respondeu: "Porque eu só tenho uma!"

Neste exato momento, talvez você esteja sem dinheiro. Talvez tenha perdido o emprego ou alguém que ama. Talvez não esteja muito bem de saúde. Aí você pensa: "Eu simplesmente não sei o que fazer."

Bem, a primeira coisa a fazer é a única possível: aceitar a situação.

Para mudar as coisas, primeiro você precisa fazer as pazes com o que está acontecendo. Esqueça as acusações, a culpa, os "e se". Para crescer, é preciso saber aceitar. Aceitação não significa desejar permanecer onde se está, mas identificar que lugar é esse e saber aonde se quer chegar a partir dele.

Em vez de "Meu marido é um grosso e nunca vou me livrar dele", pense: "Meu marido é um grosso. Como aprendi com isso! Agora sei que mereço ser bem tratada."

Em vez de "Perdi todo o meu dinheiro. Antes não tivesse investido tudo naquele fundo de ações", é melhor dizer: "Não adianta chorar sobre o leite derramado. Consegui esse dinheiro uma vez, conseguirei novamente."

Suponhamos que você esteja acima do peso e deseje emagrecer. Imagine o que acontece quando você diz:

- não sou gorda, ou
- minha mãe é a culpada por eu ser gorda, ou
- minha irmã é *mais gorda* que eu.

Você continua com sobrepeso.

Mas há outra opção. Pense:

- Estou acima do peso ideal. Gosto de mim do jeito que for, mas agora estou decidida a perder 20 quilos.

Você aceita a situação em que está e então pode seguir em frente.

Aceitação não é *desistência.* Aceitar é reconhecer: "Esta é uma parte da minha jornada." Com frequência isso significa: "Neste momento não tenho a menor ideia de por que isso tinha que ser parte da minha jornada, mas tirarei o máximo proveito dela."

EM POUCAS PALAVRAS

Aceitação é poder.

Teste rápido:

Imagine que, na semana passada, você:

- fez uma tatuagem
- casou
- roubou um banco
- doou um rim
- colocou botox
- entrou para um mosteiro
- devorou uma pizza enorme em três minutos *e*
- jogou-se de uma ponte

Pergunta: O que todas essas ações têm em comum?

Resposta: Elas são coisas que você pode fazer para sentir-se mais feliz. Verdade! A pergunta foi capciosa: *qualquer coisa* entraria nessa lista. Isso porque *tudo* o que você faz – e *tudo o* que *todo mundo* faz – é para se sentir melhor.

Essa ideia não é nova. Ela está presente nos discursos de Platão, Aristóteles, Freud e todos os psicólogos do mundo. E há um consenso bastante generalizado quanto à razão *por que fazemos o que fazemos*: para sermos felizes e continuarmos felizes.

Nos três minutos em que devora uma pizza inteira, você pensa: "Hum, que delícia. Como estou feliz!" Mas se você contrata um *personal trainer* e come alface por seis meses, é pensando: "Vou ficar mais feliz quando gostar do meu corpo."

Se você para de tomar bebidas alcoólicas, é para quê? Para se sentir melhor. Se decide fazer uma doação para a Cruz Vermelha ou roubar um banco, a motivação é... sentir-se melhor. Mary diz: "Sou voluntária numa instituição de caridade porque quero ajudar as pessoas." Isso é ótimo, Mary, mas você trabalharia por essa causa se isso a deixasse infeliz?

Pessoas diferentes fazem *coisas diferentes,* mas a motivação é a mesma: *sentir-se melhor.*

Você entra para a faculdade de direito e estuda durante quatro anos para agradar a seu pai. Você diz: "Fiz isso para deixá-lo feliz." Não mesmo. Você fez isso porque se sente melhor fazendo o que *ele* quer do que fazendo o que *você* quer.

Não importa que você se sacrifique por seus filhos, que se case ou se divorcie, faça uma tatuagem ou entre para uma ordem religiosa, o objetivo principal não muda. Mesmo jogar-se de uma ponte é uma tentativa de sentir-se melhor. A pessoa pensa: "Serei mais feliz morto do que vivo."

Buscar a felicidade é egoísmo?

Todos nós buscamos a felicidade – é automático –, mas algumas pessoas se preocupam com isso, pensando que seja egoísmo. Elas se sentem culpadas, o que as torna infelizes.

Não há egoísmo algum em correr atrás da felicidade. EGOÍSMO É SER INFELIZ! As pessoas felizes conseguem ser mais atenciosas e amáveis, mas as *pessoas infelizes* acabam se preocupando apenas com *elas mesmas*. Quem é feliz faz com que os outros se sintam felizes também, seja no trabalho, nas amizades ou nos relacionamentos amorosos.

Estudos comprovam que é mais provável que uma pessoa feliz:

- faça trabalho voluntário
- carregue as compras de um desconhecido
- empreste dinheiro a alguém

E é mais provável que uma pessoa infeliz:

- reclame de sua úlcera
- roube do chefe ou
- agrida um animal

Então, para o bem dos que você conhece – inclusive os cães do seu bairro –, vamos direto ao ponto: quanto *mais feliz* você se torna, melhor para todos!

Às vezes passamos por períodos difíceis. Isso pode significar falta de dinheiro, de amigos, de emprego ou de esperança. E é dela – a esperança – que mais precisamos. A boa notícia é que é possível sair dessa. Mesmo que você esteja infeliz com sua vida hoje, daqui a alguns meses poderá ver como as dificuldades o ajudaram a se preparar para algo melhor.

Há muita gente que acredita que:

- errar é ruim
- as pessoas mais felizes são as que têm vidas mais fáceis
- as pessoas mais bem-sucedidas são mais inteligentes que a maioria
- é preciso ter um companheiro para ser feliz

Nenhuma dessas afirmações é necessariamente verdadeira.

Eu não aguento mais!

A vida é difícil às vezes. O que fazer para não desistir quando as coisas parecem irremediáveis?

Lidar com problemas é como escalar uma montanha. Se você começa a escalada e fica preso em uma saliência, imediatamente se concentra no momento, no presente. Quando sua vida está em perigo, você esquece o futuro. Todos os seus

"Eles não são felizes. Eles apenas *pensam* que são felizes."

esforços se concentram no passo seguinte. E no próximo. Centímetro por centímetro, até que você esteja a salvo.

A mesma estratégia vale para a vida cotidiana. Ela é a *única* que funciona quando a vida fica complicada. Você talvez pense: "Como posso ser otimista se não consigo nem pagar o aluguel? Como tocar a vida adiante se estou sofrendo, doente e solitário?"

Quando o pior acontece, você não tem condições de se preocupar com o *resto da sua vida*. Talvez sequer possa se preocupar com o *resto do mês*. Mas normalmente você consegue lidar com um dia de cada vez. E se as 24 horas parecerem um período longo demais, quebre-as em intervalos de cinco minutos. Resolva um problema de cada vez. Dê um passo, ganhe um pouco de confiança... dê outro passo, mais outro. Logo perceberá que o pior já passou.

Você enlouqueceria se fosse se preocupar com:

a) tudo o que precisa fazer no próximo mês ou

b) tudo o que pode dar errado no próximo ano.

Concentre-se no momento.

Se você saísse em uma viagem de um dia, não seria tolice levar comida e água suficientes para uma vida inteira? Então não é estranho que muitas pessoas carreguem hoje todas as preocupações dos próximos 25 anos? Não é à toa que elas se perguntam por que a vida é tão difícil. Fomos feitos para viver 24 horas de cada vez. Nada mais.

Na próxima vez que estiver entrando em desespero, pergunte-se:

- tenho ar suficiente para respirar?
- tenho comida suficiente para hoje?
- ficarei bem durante os próximos cinco minutos?

Depois de passar por esses primeiros cinco minutos, tenha como objetivo vencer os próximos cinco. Um passo de cada vez. Isso pode evitar muita dor de cabeça.

EM POUCAS PALAVRAS

Tudo o que você pode fazer é dar o seu melhor da hora que acorda até a hora de dormir.
Deixe que o amanhã se encarregue dele mesmo.

A história de Hong

Conheci Sushma em Cingapura em 1982. Eu tinha 33 anos e ela, 18. Era filha de mãe chinesa e pai indiano – e linda. Eu havia viajado pelo mundo durante quase 15 anos. Tivera namoradas, mas nunca havia pensado em casamento. Cinco minutos após conhecer Sushma, tive certeza de que ela seria minha esposa. Nós nos casamos depois de um ano.

Na época, eu tinha uma empresa na Espanha e Sushma se mudou comigo para lá. Em março de 1987 nosso filho, Jordi, nasceu. Moramos na Europa até ele completar 4 anos. Quando tive de me mudar para a Nigéria por causa do trabalho, decidimos que seria mais seguro – e melhor para a educação de Jordi – que ele e Sushma fossem para Cingapura.

No dia 23 de maio de 1991, quando eu estava na Nigéria, recebi um telefonema às 2h da manhã. Sushma havia sofrido um acidente em Cingapura – o carro em que estava havia batido em uma árvore na estrada Bukit Timah. Ainda com esperanças de que nada de mais grave acontecesse, corri para fazer minhas malas e ver minha esposa. Algumas horas depois, entretanto, recebi outro telefonema com a notícia de que ela havia morrido. Fiquei desesperado. Chorei muito durante semanas. Chorava por ter perdido minha esposa, mas principalmente por meu filho de 4 anos ter ficado sem a mãe. Como Jordi viveria sem ela? Como eu poderia criá-lo?

Então assumi o compromisso de não me casar de novo até que meu filho fosse adulto. Decidi que Jordi deveria continuar a viver e a ser educado em Cingapura. Ele ficava com os avós durante o período letivo e, nas férias, me encontrava na África e na Europa.

Viajamos pelo mundo como bons amigos – para a Alemanha, a Áustria, a África do Sul e o Brasil. Ele era meu melhor companheiro de aventuras. Juntos, descobrimos um mundo que ele jamais teria encontrado nos livros.

Outro telefonema

Mudei-me para Bali em 2001 para começar uma vida nova e abrir o negócio que tenho atualmente. Meu filho adorava vir para cá nas férias. No meio de 2006, ele concluiu o ensino médio e veio morar comigo. Como Jordi queria uma moto, comprei uma para ele como presente de formatura.

Então, em 20 de setembro, a polícia me ligou às 2h da manhã. Jordi havia sofrido um acidente. Ele morreu 10 minutos depois de eu ter chegado ao hospital. Tinha 19 anos.

Primeiro minha esposa, depois meu filho.

Fiquei em estado de choque. Meu mundo desabou. Fiquei vagando pela floresta durante quatro dias. Via Jordi em todo lugar. Viajei para a Tailândia para tentar curar aquela ferida. Ainda assim eu o via. Voltei a Bali e, no 40º dia após sua morte, fizemos uma cerimônia religiosa para ele.

> *Se a tristeza pudesse consertar o futuro, eu aconselharia todos a serem tristes, mas sei que isso não funciona.*

Se a tristeza pudesse consertar o futuro, eu aconselharia todos a serem tristes, mas sei que isso não funciona.

Os meses foram se passando e, devagar, comecei a viver novamente. Talvez os 13 anos na África tenham me ajudado a lidar com a perda. Os europeus dizem: "Isso não devia ter acontecido!" Os africanos dizem: "Aconteceu. A vida continua." Eu poderia ficar me perguntando por que fui deixá-lo andar de moto, mas em que isso ajudaria?

Se a tristeza pudesse consertar o futuro, eu aconselharia todos a serem tristes, mas sei que isso não funciona.

Não tenho arrependimentos. Fiz tudo o que pude com meu filho. Dei a ele o que estava ao meu alcance. Hoje sou um artista. Crio, faço esculturas. Gosto de animais. Gosto das pessoas. Meus bens materiais não têm valor para mim.

Você nunca sabe como reagirá a uma tragédia. É como quando você imagina um ladrão entrando pela sua janela. Você pensa: "Ah, eu faria isso e aquilo." Mas quando um ladrão de verdade aparece, você faz algo totalmente diferente.

Todo dia, ao acordar, escolho ser feliz. O que poderia me ferir agora? O que poderia me preocupar? A vida é como um filme. Não é a duração que importa, mas a qualidade.

A felicidade não tem segredos. Você simplesmente opta por ela.

Por que a vida é tão difícil?

Nossos maiores aprendizados na vida acontecem nos momentos em que tomamos um golpe inesperado. Por que deixamos que isso aconteça? Porque é mais fácil *não* mudar. Então seguimos no mesmo rumo, fazendo as mesmas coisas, até que se torne doloroso demais continuar assim.

Pense na saúde, por exemplo. Quando é que as pessoas mudam a dieta e começam a fazer exercícios? Quando o corpo está perecendo e o médico alerta: "Se você não mudar seu estilo de vida, vai se matar!" De repente, elas ficam motivadas!

Agora nos relacionamentos: quando é comum um casal começar a expressar quanto cada um gosta do outro? Quando o casamento está em crise e a família começa a se desfazer.

Na escola: quando um aluno finalmente resolve se dedicar aos estudos? Quando está praticamente reprovado.

E no mundo dos negócios: quando é que um empresário decide experimentar novas ideias e tomar decisões difíceis? Quando já não consegue pagar as contas. E quando é que ele aprende de verdade sobre atendimento ao cliente? Quando já não há clientes!

As maiores lições vêm com as dificuldades. Quando você tomou as decisões mais importantes da sua vida? Provavelmente quando estava arrasado – depois de desastres, tragédias, nocautes! É quando dizemos a nós mesmos: "Não aguento mais não ter dinheiro, estou cansado de ser medíocre. Tenho que fazer alguma coisa."

Nós comemoramos o sucesso, mas não aprendemos muito com ele. O fracasso, por outro lado, machuca, mas nos faz aprender. Olhando para trás, normalmente percebemos que os "desastres" foram os momentos da virada em nossas vidas.

Por que eu?

Quando a tragédia nos atinge ou quando perdemos tudo ou somos rejeitados por alguém que amamos, a pergunta que costumamos fazer é: "POR QUÊ?" "POR QUE eu?" "POR QUE agora?" "POR QUE ela me trocou por um cara tão sem graça?" Perguntar "POR QUÊ?" pode nos levar à loucura. Com frequência a resposta não existe e geralmente nem importa.

Pessoas eficientes perguntam "O QUÊ?". "O QUE posso aprender com isso?" "O QUE vou fazer com relação a isso?" Quando a situação é muito desesperadora, elas perguntam: "O QUE posso fazer, só hoje, para melhorar as coisas?"

Ninguém sai em busca de problemas, mas, quando fracassam, as pessoas eficientes perguntam a si mesmas: "Como posso mudar a maneira como eu penso e o que faço? Como posso ser melhor do que sou agora?" Já as pessoas malsucedidas ignoram todos os sinais de alerta. Quando as coisas ruins chegam, perguntam: "Por que tudo acontece comigo?"

Somos criaturas orientadas pelos hábitos. Continuamos a fazer aquilo a que estamos acostumados até que sejamos obrigados a mudar.

Al, o namorado de Mary, terminou com ela. A moça ficou deprimida e se trancou no quarto durante uma semana. Depois, aos poucos, começou a telefonar para os amigos e a conhecer outras pessoas. Em pouco tempo, mudou de casa e de emprego. Em seis meses, estava mais feliz e confiante do que nunca. Hoje, quando reflete sobre a "tragédia" de perder Al, percebe que foi a melhor coisa que já lhe aconteceu.

Fred foi demitido. Como não conseguia encontrar emprego, abriu um pequeno negócio. Tornou-se seu próprio chefe e, pela primeira vez, está fazendo o que realmente gosta. Ainda tem problemas, mas a vida ganhou novo significado e mais ânimo – e tudo aconteceu graças ao que parecia um desastre.

EM POUCAS PALAVRAS
As pessoas mais felizes não ficam se preocupando se a vida é justa ou não.
Elas apenas se concentram no que têm.

Então a vida é uma série de desastres dolorosos?

Não necessariamente. O Universo está sempre nos enviando sinais discretos. Quando os ignoramos, ele nos manda advertências diretas. A evolução é mais difícil quando resistimos a ela.

Podemos enxergar a vida de três formas. Podemos dizer:

- "MINHA VIDA É UMA SÉRIE DE EXPERIÊNCIAS NECESSÁRIAS QUE ACONTECEM NA ORDEM PERFEITA." (Abordagem mais saudável, que leva à paz de espírito.)
- "A VIDA É UMA LOTERIA, MAS APROVEITO AO MÁXIMO O QUE ELA ME PROPORCIONA." (Segunda melhor opção, assegura uma qualidade de vida mediana.)
- "POR QUE AS COISAS RUINS SEMPRE ACONTECEM COMIGO?" (Infelicidade e frustração garantidas.)

A vida é assim. Ela nos joga pequenas pedrinhas para nos alertar. Quando ignoramos as pedrinhas, ela nos atira um tijolo. Se ignorarmos o tijolo, seremos esmagados por uma rocha. Depois disso, se formos honestos, ainda poderemos reconhecer que ignoramos os sinais de alerta – e só com muita coragem questionaremos: "Por que eu?"

A vida nem sempre precisa ser dolorosa – mas a dor ainda é a principal razão para mudarmos. Enquanto não sentimos dor, podemos continuar fingindo que está tudo bem.

E é sempre mais fácil filosofar sobre a dor *dos outros!* Olhamos para

Jim e afirmamos: "Ir à falência foi um grande aprendizado para ele." Olhamos para Mary e dizemos: "O divórcio a ajudou a ser mais independente." Todos concordam: "Os desafios tornam as pessoas mais fortes."

Mas quando nossos próprios desafios surgem, é comum não sermos tão otimistas. Questionamos: "Deus, por que isso? Dê-me um desafio *simples*!" Infelizmente, os verdadeiros desafios não são simples.

Desafios também vêm em ondas. Em termos não científicos, uma onda representa algo que tende *a se espalhar em sequência*. Isso significa que problemas acontecem em grupo: crises familiares, gasto com casamentos e consertos no carro tendem a vir ao mesmo tempo.

Ter isso em mente é útil. Quando acabar o mês e você tiver conseguido economizar, pense em reservar algo para a próxima onda. Quando ela chegar, diga: "Conheço estas ondas. São apenas passageiras."

A história de Adrian

Era uma noite fria e estrelada de 2006 e eu caminhava por uma estrada em meu vilarejo. Sempre achei noites assim confortantes, mas aquela estava diferente. O céu parecia muito, muito grande, o planeta parecia um mero pontinho e eu era apenas uma alma solitária entre bilhões de desconhecidos.

Sentia-me um fracassado e um péssimo pai. Chorando, enumerei todas as razões que as pessoas teriam para me desprezar. "Por que alguém deveria me respeitar se eu mesmo me odeio? Quem se importaria se eu morresse?"

Pus a guia do cachorro em volta do meu pescoço e comecei a procurar um local para me enforcar.

Havia um poste telegráfico na beira da estrada e, acima dele, uma pesada viga horizontal. Eu poderia me pendurar nela. Juntei alguns caixotes de madeira do lixo, empilhei-os e comecei a subir, mas, não importava quanto reorganizasse a pilha, não conseguia me aproximar o suficiente da viga. Resolvi voltar para casa para pegar uma escada.

Quando cheguei, meu labrador, Jack, estava esperando por mim na porta da frente. Ele ficou tão feliz em me ver! Ele pulou e abanou o rabo e deu sua corridinha típica pelo gramado, até os arbustos e de volta, sem parar.

> "*Pus a guia do cachorro em volta do meu pescoço e comecei a procurar um local para me enforcar.*"

Naquele momento, percebi: "Eu faço diferença para uma criatura." A recepção calorosa de Jack levantou meu astral. Pensei: "Talvez eu deva tirar esta guia do pescoço e dar a comida dele!" Imaginei ainda: "Se faço diferença para um cachorro, talvez também possa ser útil para alguém, qualquer pessoa." Nunca peguei a escada.

Indo à falência

Como cheguei ao fundo do poço? Não foi tanto *o que* aconteceu, mas o fato de *tudo* ter acontecido em um ano. Eu tinha um velho amigo, Ted, que era um artista brilhante. Decidimos abrir juntos um negócio na internet para vender o trabalho dele. Como precisávamos de dinheiro para dar início à nossa aventura, peguei um empréstimo dando minha casa como garantia. Depois de um início entusiasmado, Ted ficou entediado e se mudou para a Espanha.

Há alguns indícios que mostram que os negócios estão indo mal, como:

- Você se pegar vasculhando todos os bolsos de todas as calças e o forro de todas as poltronas em busca de alguma moeda perdida.
- Só haver uma lata de ervilha e meia embalagem de ketchup na sua geladeira.
- Você começar a imaginar que prato delicioso poderia preparar com ervilha e meia embalagem de ketchup.

Depressão profunda

Isso aconteceu na época em que minha mãe havia morrido de leucemia, o que me abalou muito. Sabia que minha mãe estava doente, mas nunca acreditei que fosse perdê-la. Então, enquanto estava de luto, o banco tomou minha casa. Tentei reavê-la e quase consegui, mas no fim o juiz decidiu contra mim e tive uma hora para tirar o máximo de pertences que pudesse antes que o oficial de justiça trocasse as fechaduras e eu ficasse sem teto. Por sorte, um casal de amigos me acolheu até que eu encontrasse outro lugar para morar.

A corda sempre arrebenta do lado mais fraco. Então, frágil como eu estava, não é de surpreender que tenha encontrado um emprego como motorista de caminhão e que meu chefe me repreendesse e me insultasse de segunda a sexta. Nós éramos a dupla perfeita – eu precisava do dinheiro e ele precisava de alguém com quem gritar.

Minha depressão piorou. Não era aquela tristeza de um "dia ruim", mas um desamparo profundo, debilitante e arrasador. Talvez você imagine que uma pessoa que dirige um caminhão de 42 toneladas deva ser durona, mas eu não passava um dia sem chorar copiosamente. Quando alguém vinha me visitar, eu me escondia. A maioria de meus amigos e familiares desistiu de mim. Foi quando me vi solitário e com uma guia de cachorro em volta do pescoço.

Felizmente, Jack me salvou, e depois os médicos fizeram a parte deles também. Fui diagnosticado com ansiedade aguda e depressão profunda e precisei tomar remédios fortes. De início fiquei com medo de tomá-los, então tentei fazer terapia e usar ervas medicinais, mas no fim acabei tomando a medicação recomendada.

Vivi à base de remédios pesados por dois anos e não mais que isso. Minha mente ficava obscura, como se eu estivesse meio bêbado e meio louco. Não conseguia lembrar as coisas mais simples, não conseguia falar direito – até para escolher as palavras era um esforço. Os médicos me alertaram sobre o que aconteceria se eu parasse de tomar os remédios, mas minha cura estava sendo pior que a doença. Finalmente tive que parar de tomar os comprimidos. Para mim daria no mesmo aprender a viver sem os remédios ou me matar tentando. Eu não tinha nada a perder.

Fazendo do meu jeito

Joguei todos os comprimidos fora e esperei pelo pior, mas ele nunca veio. Consegui viver sem os remédios e essa vitória me tornou mais forte. Comecei a ler livros de autoajuda, psicologia e psiquiatria. Aprendi que a preocupação com o passado e a inquietação com o futuro são inúteis – e que a minha missão era lidar com o presente.

O último passo para minha recuperação aconteceu quando, por acaso, conheci um hipnoterapeuta em um trem. Ele me tratou e ensinou maneiras de combater os pensamentos negativos e formas de aumentar minha gratidão por tudo o que tenho.

Meus filhos nunca souberam de toda a história, mas fiquei comovido com a preocupação deles. Nunca esquecerei quando fui aconselhado por meu filho de 10 anos: "Você tem que tomar o remédio! É importante, pai", disse ele, apontando seu dedo gordinho para mim. "Não quero ter que crescer sem você!"

Hoje reservo um tempo para fazer o que me dá prazer. Escrevo esquetes de humor para me distrair e as posto em um blog. Escrevo por pura diversão – não importa se meu trabalho nunca for publicado. Também me esforço para enxergar de que maneira faço diferença na vida das pessoas com quem convivo. Faço isso não por egocentrismo, mas por gratidão. Quando a vida começa a ficar cinzenta novamente, relembro que sou importante para alguém, em algum lugar, e isso significa que haverá outros para quem eu possa fazer a diferença. E por isso preciso descobrir o que o amanhã reserva – cada amanhã!

Há um grupo de amigos com os quais sempre saio. Na semana passada, uma amiga desse grupo perguntou: "Adrian, sabe o que você nos proporciona?"

Ingenuamente, respondi: "Não tenho ideia."

Ela disse: "Quando você está por perto, nós nos sentimos especiais. Nós nos sentimos amados."

Esse comentário foi o maior presente que alguém poderia me dar. Se minha única missão for fazer algumas pessoas se sentirem amadas, já é o suficiente. Uma coisa eu aprendi: ninguém consegue amar outras pessoas antes de amar a si mesmo.

Hoje estou novamente no auge, tenho minha empresa, sou feliz. Não importa quanto tudo pareça desesperador, é sempre possível dar a volta por cima. Não tenho dúvidas disso: já estive no fundo do poço e encontrei uma saída.

Passo a passo

Minha esposa, Julie, perguntou a Adrian: "Como você se sentia e o que estava pensando naquela noite em que tentou se enforcar?"

Adrian respondeu: "Eu não sentia nada. Esse era o problema. Tinha acabado de voltar de um encontro com meus amigos, mas não sentia qualquer ligação com eles ou com pessoa alguma. Não dá para compreender, a menos que você já tenha vivido uma situação assim."

Adrian nos faz lembrar que a evolução acontece aos poucos. Procure as coisas boas, concentre-se no presente e faça o que estiver ao seu alcance hoje. Sua vida muda à medida que você muda. Adrian explicou: "Não houve um momento de 'eureca', um ponto em que disse 'Estou curado'. Foi uma jornada na qual fui percebendo que realmente sou importante, um processo lento para reassumir o controle das coisas. E é assim que a *vida* normalmente é – um processo contínuo."

Que tragédia!

Debbie tinha 16 anos quando engravidou do namorado, Tom. Toda a família ficou desolada. "Que tragédia!", pensavam.

Debbie decidiu ter o bebê e largou a escola para criar o filho. Seus pais diziam: "Ela era tão boa aluna. Que tragédia!"

Tom e Debbie se casaram aos 18 anos, mas viviam brigando e eram infelizes. "Que tragédia!", diziam os familiares dos dois.

Eles se separaram aos 22 e Debbie ficou cuidando sozinha do filho. Todos os vizinhos diziam: "Que tragédia!"

Aos 26, Debbie concluiu o curso de serviço social e decidiu que sua missão era ajudar mães adolescentes. Conseguiu um emprego em um órgão do governo e passou a viajar por todo o país dando apoio e orientação às jovens. Seu filho se tornou a luz de sua vida e o orgulho e a alegria dos avós. Aos 28 anos, Debbie se casou com o homem de seus sonhos.

Hoje ela tem um filho lindo, um trabalho que faz a diferença, um marido carinhoso e um relacionamento sólido com seus pais.

Teste rápido: Qual parte foi uma tragédia?

- Ter o bebê que se tornou a alegria de sua vida?
- Adiar os estudos para se formar em algo de que realmente gostasse?
- Casar-se com o pai de seu filho, um relacionamento que a ensinou o que realmente importa numa relação?

Você alguma vez já olhou para trás, analisou um relacionamento ruim ou uma grande decepção e disse a si mesmo:

"No momento pareceu a pior coisa que poderia ter acontecido, mas agora percebo que era justamente o que eu precisava"?

Se não fosse por isso, eu seria feliz!

Temos muitas desculpas para adiar a felicidade. Aqui vão seis:

Desculpa nº 1: Eu seria feliz se estivesse em outro lugar. Dizemos: "Se eu me mudasse para outra cidade, talvez pudesse recomeçar."

Vejamos o caso de Fred, que deve dinheiro a metade do bairro onde mora. Ele diz: "Talvez eu precise me mudar!" Mas, se fizer isso, seus pensamentos e hábitos irão junto – e são eles que moldam a vida. Fred pode mudar de cidade, mas atrairá as mesmas situações, além de um monte de credores furiosos.

Se você é um gastador, continuará a ser assim caso se mude para a Argentina. O melhor conselho neste caso é: "Antes de mudar seu endereço, tente mudar sua forma de pensar!"

Se eu pudesse ir para o Tibete, talvez descobrisse o significado da vida...

Algumas pessoas imaginam que viajar para países distantes pode lhes ajudar a descobrir o significado da vida... Jim escolheu o Himalaia para isso. Um dia, enquanto estava sentado numa esquina suja, sofrendo de diarreia e sonhando com um belo banho quente, ele teve um insight: "Talvez eu possa atingir a iluminação num hotel cinco estrelas!"

Parece romântico descobrir o significado da vida no Tibete, mas encontrar a luz no Tibete é para os tibetanos! Para a maioria de nós, o significado da vida provavelmente está bem perto de casa.

EM POUCAS PALAVRAS

Normalmente o melhor lugar para recomeçar é onde você está.

Desculpa nº 2: Eu seria feliz se fosse mais velho – ou mais jovem.

Você acha que a felicidade depende da idade? Na década de 1990, o pesquisador Ronald Inglehart publicou os resultados de uma abrangente pesquisa sobre a felicidade realizada com 170 mil pessoas de 16 países. Os participantes responderam a perguntas como "Você é feliz?" e "Está satisfeito com sua vida?".

Inglehart queria descobrir se a idade afeta o grau de felicidade. Ele analisou os resultados por faixas etárias: de 15 a 24 anos, de 25 a 34 anos, de 35 a 44, e assim por diante. Quem você acha que eram os mais infelizes? Os adolescentes? As pessoas de meia-idade? E quem você acha que eram os mais felizes? Veja o resultado:

15-24 anos	81% estão satisfeitos com a vida
25-34 anos	80% estão satisfeitos com a vida
35-44 anos	80% estão satisfeitos com a vida
45-54 anos	79% estão satisfeitos com a vida
55-64 anos	79% estão satisfeitos com a vida
65 anos ou mais	81% estão satisfeitos com a vida

Os percentuais de cada faixa etária são praticamente idênticos!

Em outra pesquisa, os psicólogos William Stock e Morris Okun, da Universidade do Estado do Arizona, chegaram exatamente à mesma conclusão. Eles avaliaram os resultados de mais de 100 estudos psicológicos e concluíram o seguinte: a idade não tem mais do que 1% de influência no nível de felicidade.

Apesar de todos os mitos e de toda a discussão sobre "crise da meia-idade" e "adolescentes problemáticos", a idade não tem peso real sobre quanto se é feliz!

EM POUCAS PALAVRAS

Felicidade não tem a ver com idade, mas com atitude.

"Como você consegue viver com esse traste?"

Desculpa nº 3: Serei feliz quando encontrar o parceiro ideal.

Se há uma coisa que sabemos sobre casais felizes é o seguinte: eles já eram felizes *antes* de conhecerem seus parceiros.

Ninguém pode FAZER você feliz! De onde tiramos a ideia de que nossa felicidade é CAUSADA por outra pessoa? Talvez de músicas e filmes: neles, as pessoas dizem coisas como: "Antes de você, eu era solitário, um fracassado, mas você mudou tudo!" Isso é lenda. No mundo real, as pessoas dizem: "Antes de você, eu era infeliz, mas VOCÊ ESTRAGOU TUDO DE VEZ!"

Pessoas felizes atraem pessoas felizes. Pessoas infelizes atraem pessoas infelizes. Por acaso, quando você está alegre, fica pensando: "Ah, eu devia sair e procurar uma pessoa deprimida!"? Não mesmo! Você quer se encontrar com outras pessoas felizes. Para ficar rodeado de pessoas otimistas, primeiro você precisa estampar um sorriso no rosto.

Se você está para baixo ou deprimido, precisa saber que mudar seus pensamentos depende apenas de você. É você mesmo quem, pouco a pouco, o tira do fundo do poço. Quando começa a ver o lado bom das coisas, você atrai amigos e colegas de trabalho alegres.

EM POUCAS PALAVRAS
No mundo real, não são as outras pessoas que mudam nossa vida. Somos nós mesmos.

Desculpa nº 4: Eu seria feliz se não tivesse tantos problemas.

Você sempre terá problemas – e quando eles não forem grandes, os pequenos tomarão grandes proporções.

Um executivo aposentado me falou: "Antes eram os negócios milionários que me preocupavam. Hoje fico estressado com janelas sujas e restos de grama cortada, coisas que na verdade não importam." É verdade: *encontramos* coisas com que nos preocuparmos.

Imagine-se em uma viagem de avião com a duração de 12 horas. Você acaba de decolar e planeja relaxar e talvez até dormir um pouco. Então percebe que o passageiro ao seu lado está fungando. Ele faz isso de forma cadenciada, a cada seis segundos. Um, dois, três, quatro, cinco, *snif*, um, dois, três, quatro, cinco, *snif*... "Ah, não! Esse cara é um cronômetro de fungadas! Eu ficaria feliz se não tivesse que aturar esse idiota!"

Você faz os cálculos: 10 fungadas por minuto são 600 por hora, vezes 12 dão... 7.200 fungadas até Paris. "Vai ser a pior noite da minha vida!" Para piorar, até então você nem havia percebido o bebê da poltrona de trás, mas agora ele está completamente acordado e mostrando a força de seus pulmões. É difícil ignorar um bebê chorando em um voo sem escala. É quando você pensa: "E eu que estava preocupado com o Fungador! Posso aturar o *snif, snif* dele, mas bebês chorando? É óbvio que isso vai me estressar!"

Nesse momento é que as coisas ficam realmente ruins. De repente, o avião entra em uma área de turbulência e mergulha em direção ao solo. Você empalidece e seu coração quase sai pela boca. Todos gritam. Ao alcançar o colete salva-vidas, você faz um acordo com Deus: "Senhor, permita que eu sobreviva e nunca mais ficarei irritado com fungadas e sofrerei feliz com bebês chorões durante todo o voo para a Europa."

O avião consegue se nivelar e começa a ganhar altitude. O comandante se desculpa pela turbulência. O bebê para de chorar e o Fungador da poltrona ao lado adormece. Você volta a fazer suas palavras cruzadas em paz e – adivinhe só! – o Fungador começa a *roncar*. "Ah não! Eu ficaria feliz se não tivesse que aguentar isso!"

A vida é assim. Temos uma "hierarquia de preocupação" e as coisas mais importantes são as que contam. Quando estamos com a perna quebrada, não nos preocupamos com uma dor de cabeça – até que a perna esteja curada. Maridos que roncam só são irritantes até que haja um incêndio no quarto.

Então o que fazer para ficarmos menos irritados? Reconhecer que o estresse é causado por regras que nós mesmos criamos. Quando afrouxamos algumas delas – ou suspendemos todas –, ficamos mais felizes.

Tomamos uma decisão consciente: "Ninguém vai estragar meu dia." Fazemos um pacto conosco de que "nenhum flanelinha, nenhum guarda de trânsito e nenhuma garçonete vai me tirar do sério nas próximas 24 horas". Do jeito como vão as coisas no mundo, discutir com um caixa mal-educado não é um drama *tão* grande assim.

EM POUCAS PALAVRAS

Há alternativas: em vez de ficar irritado, fique fascinado com a vida. Quanto menos regras você tiver sobre como se deve viver e como as outras pessoas devem se comportar, mais fácil será encontrar a felicidade.

Desculpa nº 5: Ah, se eu tivesse aquilo...

Há muitas pessoas no mundo que se empenham para deixar você insatisfeito. Elas são espertas, até brilhantes, e lidam com orçamentos milionários. Utilizam a vergonha, a culpa e até o bom humor para convencê-lo de que falta alguma coisa. Fazem promessas tentadoras e juram que podem lhe dar a felicidade!

Não estou falando dos religiosos, estou me referindo às pessoas que trabalham com propaganda e marketing. A missão delas é torná-lo infeliz com o que *você* tem para que você compre o que *eles* têm.

Por exemplo: você comprou um carro ano passado. É bonito, espaçoso e seguro – até tem seis airbags. Você gosta muito dele. Então abre o jornal e descobre que o último modelo tem *11 airbags – para pais que se preocupam com os filhos.* "Meu Deus! Estou deixando minha família na mão!", você pensa.

Outro exemplo: você volta do supermercado e dá uma olhada na TV para descobrir que 7 entre 10 dentistas recomendam a pasta de dente que você *não* comprou e que *gatos felizes* não comem a ração que você acabou de dar para o seu. Além disso, por causa do desinfetante de segunda categoria, seu banheiro será invadido por bactérias. Para completar, você precisa usar óculos Gucci para parecer descolado e um belo Rolex no pulso como todo empreendedor inteligente.

O foco dos publicitários é nosso ego – aquela nossa parte que adora comparar: "Se você quer ser delicada, sofisticada, moderna, uma boa mãe e invejada por todas as amigas, precisa disso agora."

Quando nossa autoestima depende das coisas que possuímos, estamos jogando para perder. Você compra uma bolsa de marca e fica empolgadíssima no primeiro dia. Lá pelo terceiro, ainda está animada mas, quando chega ao décimo, isso já não faz a menor diferença. Aí você se pergunta: "O que posso comprar agora para me sentir melhor?"

A maioria de nós tem muita coisa. Não há nada de errado nisso. A pergunta é: "Por que as temos?"

Minha esposa Julie possui muitos móveis chineses antigos, alguns há mais de 30 anos. Ela não se importa se as outras pessoas gostam deles ou não – ela gosta. Julie não os comprou por causa de uma campanha publicitária e não vai trocar nossos móveis porque um vizinho decidiu redecorar a própria casa. Ela me diz: "São tão bonitos. Meu humor melhora só de olhar para eles." E o mais importante de tudo, se Julie precisasse vendê-los, não se sentiria infeliz sem eles.

É provável que você tenha muitos livros, aparelhos eletrônicos, fotografias, suvenires ou mesmo um carro ou barco que você preza. Isso é maravilhoso – e sem dúvida eles tornam sua vida mais agradável e mais prática. Isso é *apreço*. Não tem nada a ver com impressionar os outros ou com o que as outras pessoas vão pensar.

EM POUCAS PALAVRAS
Você só será feliz *com* as coisas se puder ser feliz *sem* as coisas.

Desculpa nº 6: Serei feliz quando...

Minha vizinha pesava 75 quilos quando decidiu fazer uma dieta para perder 15. "Serei feliz quando chegar aos 60 quilos", disse. Então adiou a felicidade por cinco meses e, quando chegou aos 61 quilos, seu namorado saiu do país. Hoje ela tem 60 quilos, mas acredita que só será feliz quando Bobby voltar.

Quantas vezes adiamos a felicidade porque a enxergamos como uma miragem distante? É como se estivéssemos rastejando pelo deserto, avistássemos uma placa com a palavra FELICIDADE e disséssemos a nós mesmos: "*Se eu chegar até LÁ, serei feliz.*" Às vezes até parece lógico. Você pensa: "Não posso ser feliz porque ainda estou pagando o carro. Mas em abril..." E então abril chega e as crianças ficam gripadas, seus parentes vêm passar as férias na sua casa e você diz: "Em outubro..."

A vida nunca se resolve por completo! Você se forma, pega seu diploma, consegue o emprego dos sonhos e acaba trabalhando com um chefe que tem mau hálito. Você tira férias com a família depois de anos e seu filho cai e quebra a perna. Você promete: "Assim que me divorciar, terei um novo começo. Minha vida não vai mais ser tão complicada." Mas ela vai.

Podemos minimizar as complicações, mas nunca nos livrarmos delas de vez! Portanto, você precisa se divertir enquanto vive. Fascine-se. Esteja você sendo processado ou prestes a passar por uma cirurgia, divirta-se. Aproveite sua jornada pela vida!

Serei feliz quando houver paz no mundo

Mary diz: "Não serei feliz enquanto não houver paz no mundo." Pode parecer uma frase nobre, mas não é nada inteligente! É melhor ser feliz e fazer o possível para que haja paz onde você estiver. Você pode aceitar o mundo como ele é e, ainda assim, assumir um pouco da responsabilidade por melhorar as coisas.

EM POUCAS PALAVRAS

As pessoas mais felizes não ficam esperando que algo aconteça.

... não é uma tragédia, é um APRENDIZADO...
... não é uma tragédia, é um APRENDIZADO...
© ANDREW MATTHEWS

2. Superando crises

Pensamentos negativos são como ratos: andam em bandos. Um surge e, antes que você perceba, há uma infestação.

Por exemplo: você atende um telefonema de um cliente mal-educado no trabalho. A primeira coisa que você pensa depois disso é: *"Odeio pessoas mal-educadas."*

E na sequência você pensa: *"Estou cercada de pessoas mal-educadas neste emprego!"*

E continua: "Estou cercada de pessoas mal-educadas neste emprego e *sou mal remunerada.*"

Mais um segundo e você está pensando: "Estou cercada de pessoas mal-educadas neste emprego, sou mal remunerada e *não sou valorizada.*"

Então vem: "Estou cercada de pessoas mal-educadas neste emprego, sou mal remunerada, não sou valorizada *e, pensando bem, também não sou valorizada em casa.*"

De repente os ratos estão chegando em bandos: "Estou cercada de pessoas mal-educadas neste emprego, sou mal remunerada, não sou valorizada e, pensando bem, também não sou valorizada em casa *e ainda vou ter de fazer o jantar quando chegar, porque meu marido inútil não move uma palha. Bem que minha mãe avisou que eu estava cometendo um erro... Estou até com dor de cabeça, talvez seja um tumor!"*

Essa cena parece familiar? Um mero rato se transformou em uma infestação. Você precisa se livrar dos ratos e a melhor técnica de dedetização que conheço é a seguinte: no momento em que lhe ocorrer o primeiro pensamento negativo, pergunte-se: "Qual o lado bom disso?"

Qual é o lado bom de lidar com pessoas mal-educadas?

- Desenvolvo meu caráter e minha paciência.
- Pratico habilidades interpessoais que podem me ajudar num futuro emprego.
- Vendo essas pessoas, valorizo mais meu marido.

Você quebra a perna – "Qual o lado bom disso?"

- Posso descansar.
- Entendo melhor as pessoas doentes.
- Tenho tempo para ler.
- Passo um mês inteiro sem poder limpar a casa.

Sua namorada termina com você – "Qual o lado bom disso?"

- Economizo o dinheiro que gastaria com jantares.
- Posso assistir a todos os jogos de futebol que quiser.
- Posso fazer a barba menos vezes.
- Não preciso limpar a casa para agradá-la.

Agora você pode dizer "Sejamos realistas" e a realidade é:

- Coisas ruins acontecem.
- Você precisa tirar o melhor de cada acontecimento.
- Pessoas felizes costumam dizer: "Qual o lado bom disso?"
- Você quer ser feliz ou não?

EM POUCAS PALAVRAS

Um único pensamento negativo é capaz de atrair muitos outros.

Um único pensamento positivo é capaz de atrair muitos outros.

Antes que a infestação tenha início, pergunte-se: "Qual o lado bom disso?"

Não é o que acontece com você...

O que mais importa não é O QUE ACONTECE COM VOCÊ, mas o modo como VOCÊ SE SENTE com relação ao que acontece com você.

Por exemplo: digamos que você esteja no aeroporto, esperando para embarcar, e a companhia aérea informe que, devido a problemas mecânicos, a decolagem será adiada por pelo menos três horas. Você fica furioso e sai bufando: "Isso é uma catástrofe! Vou perder a reunião de vendas. Que droga!" Enquanto estiver estressado, as coisas só vão piorar! As pessoas vão trombar com você, alguém distraído vai derramar café no seu colo ou a companhia aérea vai perder sua bagagem. Você pode brigar com a vida, mas ela sempre vence!

No final, você acaba relaxando e diz a si mesmo: "Não há nada que eu possa fazer. Provavelmente estou onde deveria estar. Vou tirar o máximo proveito que puder disso."

De repente, tudo muda! Um velho amigo aparece do nada, ou você conhece alguém interessante, ou topa com uma nova oportunidade – a vida começa a ajudá-lo. Quando você encara de outra forma uma "situação ruim", consegue aproveitá-la. As melhores oportunidades da vida normalmente aparecem disfarçadas de tragédia ou falta de sorte.

Outro exemplo: Imagine duas mulheres: Mary e Jane.

Ambas estão se divorciando.

Mary diz: "Sou um fracasso. Minha vida acabou."

Jane diz: "Minha vida acaba de começar!"

Qual das duas vai se sair bem?

EM POUCAS PALAVRAS
Toda "tragédia" é apenas uma situação à espera de que você a encare de forma diferente.

A história de Alison

Aos 27 anos eu trabalhava numa empresa e sonhava casar, ter filhos e uma vida feliz. Então, em dezembro de 1994, enquanto estacionava em frente à minha casa, em Port Elizabeth, na África do Sul, fui raptada por dois homens. Eles me puseram num carro, me levaram para um matagal afastado, me estupraram e me estrangularam. Enquanto eu estava inconsciente, deram mais de 30 punhaladas no meu abdômen. Abriram minha garganta de ponta a ponta. E me largaram lá, nua, para morrer.

> *"Eles me estupraram e me estrangularam. (...) Abriram minha garganta de ponta a ponta."*

Quando acordei, lembro-me de ter pensado: "Se vou morrer aqui, tenho que fazer um último esforço para colocar esses monstros na prisão." Pela conversa entre eles, eu sabia seus nomes. Rabisquei-os na terra com meus dedos.

Eu estava a quase 100 metros da estrada, mas, se quisesse ter qualquer chance de sobreviver, precisava chegar lá de alguma forma. Então, meio rastejando, meio cambaleando, segui em direção a ela.

Já eram mais de 2h da manhã e eu sabia que, tão longe da cidade, haveria pouco movimento de carros. Deitei sangrando no meio da estrada até que finalmente um veículo se aproximou.

O carro diminuiu a velocidade, parou, mas ninguém saiu. Os faróis estavam na minha direção. Com certeza os ocupantes me viram. Acenei freneticamente. Muito tempo se passou – pareceram 10 ou 15 minutos. Ainda assim, ninguém veio. Pude ouvir o barulho do motor aumentar e de repente o carro manobrou ao meu redor e foi embora. Vi as lanternas traseiras se tornarem dolorosos pontos de luz ao longe. Senti-me desfalecendo.

Um raio de esperança

Algum tempo depois avistei outro par de faróis. Dessa vez o carro parou logo. Houve vozes. Alguém chamou uma ambulância.

Mais tarde vim a saber que um dos passageiros era um estudante de veterinária chamado Tiaan. Ele sentiu minha pulsação e examinou minha língua. Sabia que, se eu perdesse os sentidos, provavelmente não conseguiria mais voltar a mim. Ele me cobriu com sua camisa, segurou minha mão e começou a conversar comigo.

Quando sua garganta está cortada, você consegue respirar, mas não consegue falar. Tiaan continuou a me fazer perguntas, incentivando-me a responder com um aperto de mão – um aperto para *sim*, dois para *não*. Ficava dizendo: "Você tem lindos olhos verdes. Abra os olhos. Deixe-me ver seus lindos olhos." Esforcei-me para manter os olhos abertos e tentei continuar apertando a mão dele até que a ambulância chegasse.

Fui levada às pressas ao hospital para uma cirurgia de emergência. Minha traqueia, laringe e tireoide tinham sido retalhadas, os principais músculos e veias do pescoço estavam cortados e meus intestinos foram dilacerados. Fiquei na mesa de cirurgia por três horas. De alguma forma a equipe médica conseguiu me salvar. Alguns dias depois, deram-me um espelho. Para minha surpresa, a parte branca dos meus olhos estava completamente vermelha. Meu primeiro pensamento foi: "Estou horrível – mas como será que meus olhos estavam enquanto eu sangrava na estrada?" Eu precisava descobrir! Perguntei às enfermeiras: "Meus olhos estavam assim quando a ambulância me trouxe?"

Elas explicaram: "Quando aqueles homens a estrangularam, os capilares dos seus globos oculares estouraram." Senti um misto de gratidão e vergonha – gratidão a Tiaan por ele ter feito tudo o que podia para me manter consciente e vergonha por eu estar tão horrível toda vez que lhe mostrava meus "lindos" olhos!

Fui estripada e levei 16 facadas na garganta. É incrível que eu tenha sobrevivido. E, mesmo em meio a tamanha brutalidade e horror, eu tive sorte:

- Se não fosse por Tiaan, eu teria morrido naquela estrada.
- Havia apenas dois cirurgiões torácicos em toda a Port Elizabeth – e um deles estava de plantão no hospital em que dei entrada às 4h da manhã.
- Os médicos explicaram que quando os agressores me estrangularam, esmagaram minha traqueia. Eu ia morrer sufocada. Perguntei o que havia me salvado e eles responderam: "Quando os homens cortaram sua garganta, liberaram suas vias aéreas."

Nos meses que se seguiram, senti muita dor – uma dor pungente, alucinante – mas aos poucos fui me recuperando. Pude testemunhar no julgamento e os criminosos foram condenados a prisão perpétua.

Nada me restava

Eu havia sobrevivido ao ataque e à exposição pública durante os julgamentos e estava na hora de tocar minha vida. Mas, quando o pior passou, nada me restava. Entrei em depressão. Levei meses para encontrar uma razão para levantar da cama. Minha mãe foi meu refúgio e minha fortaleza. Desde que ela chegou à beira da minha cama no hospital pela primeira vez e durante todo o julgamento, nunca a vi derramar uma lágrima. Só mais tarde fui descobrir quanto ela chorou sozinha.

> *"Não quero um fardo de ódio e ressentimento em minha vida."*

Eu disse a mim mesma: "Você não lutou tanto para sobreviver e depois não fazer nada da sua vida." As pessoas começaram a pedir que eu contasse minha história em encontros e conferências. Eu tinha medo de falar em público, mas queria fazer a diferença de alguma forma, então comecei o trabalho que desenvolvo atualmente.

Perdoei meus agressores. Fiz isso por mim mesma. Não quero um fardo de ódio e ressentimento em minha vida. Tenho pena deles, mas eles ficaram no passado.

Casei em 1997 e, apesar dos graves ferimentos em todo o sistema reprodutivo, dei à luz duas lindas crianças, o maior de todos os milagres.

Escrevi um livro sobre minha história e atualmente dou palestras em todo o mundo, espalhando minha mensagem: *A vida é bela. Vale a pena lutar por ela. O que importa não é o que acontece com você, mas a forma como você lida com os acontecimentos.*

Flexibilidade

Aqui vai uma receita para a infelicidade eterna...

a) Decida como o mundo DEVE ser.

b) Crie regras sobre como todas as pessoas DEVEM se comportar.

Depois, se o mundo não obedecer às suas regras, *fique furioso.* É isso que pessoas infelizes fazem.

Digamos que você tenha as seguintes expectativas:

- os amigos DEVEM retribuir favores
- as pessoas DEVEM gostar de você
- os aviões DEVEM chegar pontualmente
- todos DEVEM ser honestos
- seu marido DEVE se lembrar do seu aniversário

Todas elas podem parecer razoáveis, mas é comum que não se realizem. Assim, você se decepciona e fica frustrado.

Há uma estratégia melhor. Para tudo o que estiver fora do seu controle, em vez de exigir, tenha preferências! Diga a si mesmo: "Prefiro X, mas se acontecer Y, tudo bem também!" Se você conseguir fazer disso um hábito, terá mais paz de espírito... Você prefere que as pessoas sejam educadas, mas quando elas não forem, isso não estragará seu dia. Você prefere sol, mas continuará bem se chover. Em outras palavras, você estará sendo flexível.

E tem mais: se você tiver em mente que seus problemas e erros às vezes se tornam oportunidades maravilhosas, poderá perceber que é razoável que isso também se aplique ao restante da humanidade. Talvez você tenha uma irmã que *coma demais* ou um marido que *beba demais* ou um colega de trabalho que *pegue no seu pé*, mas, enquanto você está aflito com a vida dos outros, eles se beneficiam dos próprios erros e problemas.

Se o mundo fosse melhor...

Quando vemos imagens de pessoas passando fome em um país distante, é quase certo pensarmos que o mundo vai mal. Às vezes usamos esse pensamento como desculpa para não fazermos com que a vida melhore. Mas se você tiver nascido no tal país ou tiver se mudado para lá, talvez possa compreender melhor a situação dele. Julgar questões que estão fora da nossa realidade e além de nossa compreensão e ficar aflito por isso não ajuda em nada. Agora, se você quer fazer alguma diferença e ajudar, já é outra história. As Madres Teresas do mundo não se afligem – elas agem.

Fred diz: "Se não houvesse tanta coisa errada no mundo, eu poderia ser feliz." Bom, Fred, este é o único mundo que você tem. Você também pode ser feliz nele. Provavelmente ele é muito melhor do que você pensa, mas temos uma visão distorcida do que acontece.

Imagine que você foi a uma banca e encontrou um jornal com as seguintes notícias na capa: "145 países não estão em

guerra esta semana", "7 mil bancos não foram roubados ontem", "Não há ameaça de gripe aviária, gripe canina, gripe do rato ou gripe do beija-flor este ano!" e "98% dos pais são supercarinhosos com seus filhos".

Você diria: "Que maravilha! Preciso comprar este jornal agora!"? Não diria! Agora imagine que você fosse um executivo da Toyota ou da Coca-Cola e eu fosse a seu escritório tentar lhe vender um anúncio de duas páginas nesse mesmo jornal. Com certeza você iria dizer algo como: "Está louco? Ninguém vai ler isso!"

Em se tratando de notícias, o que instiga a curiosidade e atrai as pessoas são o perigo, o medo e o absurdo. Gostamos de ser surpreendidos e de sentir medo. Portanto, os jornais, as rádios e os canais de TV se esforçam para nos amedrontar, animar e surpreender. Não estou dizendo que isso seja bom ou ruim, apenas que é dessa forma que funciona. Com algumas exceções, o belo, o gentil e o generoso não viram notícia. Todos os dias, para cada grupo de milhares de maridos que chegam em casa com flores para suas mulheres, um surpreende a esposa com uma faca. Qual ganha as manchetes? O mundo em que você vive é mais bonito e inspirador do que parece. E sempre será.

Aceitando mudanças

As estações passam, a inflação sobe e desce, as pessoas são contratadas e demitidas. Seria óbvio que aprendêssemos que a mudança é a lei do Universo. No entanto, ficamos furiosos quando as coisas mudam. O preço do quilo do pão aumenta 40 centavos e ficamos irritados. Voltamos a um lugar onde passamos as férias cinco anos atrás e reclamamos: "Não é mais a mesma coisa." Num dia qualquer, dizemos ao nosso companheiro: "As coisas não são mais do jeito que eram quando conheci você" – sem nem saber exatamente o que isso significa.

As pessoas buscam iluminação e esclarecimento, mas isso não depende de meditarmos ao amanhecer ou comermos broto de feijão no café da manhã. A verdadeira sabedoria está em receber bem as mudanças e aceitar as pessoas que são diferentes de nós.

EM POUCAS PALAVRAS

Pessoas felizes aceitam mudanças. Elas imaginam: "Por que eu iria querer que os próximos cinco anos fossem iguais aos últimos cinco?"

Quando a vida nos machuca

Quando você morde a língua sem querer, é difícil enxergar a dor como algo positivo. O mesmo se aplica a um calo no dedão do pé. Mas e se você não sentisse dor? Quantas vezes teria arrancado um pedacinho da língua ou queimado as costas no banho?

A dor física é um ótimo sistema de alarme que evita danos mais sérios. Ela funciona como um aviso: "É melhor parar de fazer isso!" A dor emocional nos transmite uma mensagem parecida: "É melhor parar de pensar assim!" É normal se irritar às vezes, ter inveja ou ficar ressentido. No entanto, se tais sentimentos se tornarem permanentes, a mensagem por trás deles pode ser:

- Pare de querer controlar as outras pessoas.
- Não espere que os outros se comportem como você.
- Não dependa dos outros para ser feliz!

Enquanto mantivermos os mesmos pensamentos, continuaremos a sentir a mesma dor. Aí pensamos: "Mas eu estou certo!" Infelizmente, estar certo não ajuda!

A dor causada por um calo no pé é uma indicação de que devemos trocar o sapato. Da mesma forma, a dor emocional age como se fosse um calo na mente, avisando que precisamos mudar nossa forma de pensar. Nosso ego adora estar certo. É por isso que às vezes ficamos presos à raiva, à culpa e ao ressentimento durante anos. Pensamos: "Posso ser infeliz, mas pelo menos estou *certo*!"

O lado bom da dor é que ela diminui a influência do ego. Quando não suportamos mais sofrer, mudamos de "Estou certo e não há outra forma de ver isso!" para "Não aguento mais. Talvez eu possa aceitar outro ponto de vista!".

Pense em algo que tenha incomodado você na semana passada: xingaram você no trânsito, seu namorado a chamou de gordinha, sua carteira foi roubada. Perceba que o evento em si não foi perturbador, mas sim os seus pensamentos em relação a ele. Você talvez pense: "Mas, no meu lugar, *qualquer pessoa* teria ficado irritada." Errado. *A maioria* das pessoas, não todas.

Passamos a vida inteira sendo condicionados a pensar de certa forma sobre as coisas. São os pensamentos que nos tornam infelizes – e nós podemos mudá-los.

EM POUCAS PALAVRAS

Se continuarmos a fazer o que nos causa dor física ou emocional, continuaremos a sofrer!

É verdade?

Se o problema não for a situação, significa que são nossos pensamentos a respeito dela

Podemos aprender com as pessoas que saíram do fundo do poço.

Katie era uma empresária autônoma e mãe de três filhos. Sofria de depressão e pensava em suicídio havia 10 anos.

Ela passava semanas sem levantar da cama, tomar banho ou escovar os dentes. Sua autoestima chegou a um ponto tão baixo que ela parou até mesmo de dormir em sua cama. Deitava-se no chão para punir a si mesma.

Foi num desses dias, enquanto estava deitada no chão observando uma barata que subia por sua perna, que ela caiu em si. Katie percebeu que sua dor não era causada pela *situação*, mas pelo que ela *pensava da situação*. E o problema não era que ela *tivesse* tais pensamentos, mas que *acreditasse* neles. Em outras palavras:

- Não é o mundo o que nos torna infelizes.
- Também não são nossos pensamentos sobre o mundo o que nos torna infelizes.
- A infelicidade acontece quando acreditamos em nossos pensamentos ruins sobre o mundo.

Você talvez diga: "Ah, ela poderia ter chegado à mesma conclusão seguindo Buda!" Sim, mas às vezes nossa ficha só cai depois que sofremos um pouco. Katie teve a inspiração de escrever quatro perguntas que podemos fazer a nós mesmos quando estivermos extremamente perturbados:

- Esse pensamento corresponde à verdade?
- Há alguma forma de ter certeza disso?
- Como você reage quando acredita nesse pensamento?
- Quem você seria sem ele?

Essas perguntas se tornaram a base de seus livros e oficinas. São ferramentas úteis para investigar a causa real de nosso sofrimento. Como isso funciona?

Exemplo nº 1:

O marido de Jane estava tendo um caso com a vizinha de porta. Para Jane, aquilo era um pesadelo. Todos os dias ela assistia de casa enquanto ele corria para os braços da outra. Ela os via abraçados na varanda. Ressentida e com raiva, Jane passou a negligenciar os filhos e a própria vida.

Ela dizia a si mesma: "Tudo o que eu quero é que meu marido venha para casa e para mim." Depois de meses torturando-se dessa forma, ela descobriu as quatro perguntas de Katie. Então se perguntou:

- Tenho como saber se o que venho pensando é mesmo verdade?
- Eu realmente quero meu marido de volta?

Sua mente se abriu e ela notou que poderia estar se enganando. Percebeu que talvez não quisesse mais viver com o marido. Também descobriu que *não era o marido* o que a incomodava, mas o que *ela pensava* em relação ao marido. Ela analisou o próprio pensamento – "Quero que ele venha para casa e para mim" – e se perguntou: "Será que não quero que *eu* venha para casa e para mim?" Ou seja: "Não cabe a *mim* começar a me dar importância?"

Jane parou de ficar desejando que o marido fizesse *qualquer coisa* e de sofrer por causa do comportamento dele. Passou a cuidar de si mesma e dos filhos. Isso a deixou feliz e sua vida mudou.

Talvez você esteja pensando: "Se meu marido tivesse um caso com a vizinha, a única coisa que me deixaria feliz seria quebrar a cara dele!" Mas a questão é a seguinte: quando você luta com a realidade, ela sempre vence. Não importa que você sofra ou quantas vezes diga: "Isso não devia ter acontecido!" As coisas são como são.

Esteja sempre pronto para interrogar a si mesmo: "Meus pensamentos refletem a verdade ou estou criando algo que não se sustenta?" As perguntas de Katie nos ajudam a diferenciar fatos de opiniões. Aceite os fatos e questione as opiniões:

- "Meu marido está tendo um caso" – fato.
- "Não posso ser feliz sem meu marido" – opinião.

EM POUCAS PALAVRAS

O primeiro passo para ser feliz é aceitar a realidade. Fatos *são* realidade.

Exemplo nº 2:
Seu filho sofre um acidente. O carro dele bate em um caminhão, que arranca toda a parte superior do veículo em que ele está. As funções cerebrais de seu filho ficam seriamente afetadas, ele entra em coma e os médicos não acreditam que ele vá resistir. Ele sobrevive, mas fica com muitas sequelas. Perde os movimentos do lado direito do corpo, fica parcialmente cego, não consegue falar e tem perda de memória recente. Nunca mais poderá estudar ou trabalhar.

Por que dei esse exemplo? Porque essa é a história de meu enteado. Michael bateu em um caminhão em novembro de 1986. Naquele momento, poderíamos facilmente ter pensado: "Michael nunca mais será feliz, porque não terá uma vida normal, e nós também não seremos felizes vendo o que aconteceu a ele."

Mas tínhamos certeza de que isso era verdade?

Muitas pessoas absolutamente saudáveis são infelizes.

Muitas pessoas com problemas cerebrais são felizes.

Famílias que passaram por grandes desafios geralmente se tornam mais felizes e amorosas.

Julie disse: "É isso que temos. Vamos viver um dia de cada vez." Observando Julie nos últimos 20 anos, é impossível não admirar o tamanho do amor de uma mãe. Continuo abismado com sua força e coragem.

A atitude positiva de Michael se tornou um exemplo para todos nós. Encontramos uma nova forma de felicidade. Nem sempre foi fácil.

EM POUCAS PALAVRAS
A próxima vez que quiser dizer a si mesmo:
"Não posso ser feliz porque...", primeiro pergunte-se:
"Tenho certeza absoluta de que isso é verdade?"

É possível escolher ser feliz?

Cresci acreditando que a felicidade dependia do que acontecesse com você. Eu pensava: "Serei feliz quando tiver menos problemas!" Aos poucos fui percebendo que as pessoas mais felizes que eu conhecia tinham problemas maiores do que os meus!

Talvez você também já tenha observado que as pessoas que mais aproveitam a vida são normalmente as que passaram pelas experiências mais difíceis. Elas perderam entes queridos, faliram, foram abandonadas, demitidas ou tiveram doenças graves. Muitas delas continuam a ter problemas sérios, mas todas são felizes porque em algum momento decidiram que essa é a única maneira de se viver. A felicidade não é algo que simplesmente aconteça, mas uma opção consciente.

Há 25 anos eu tinha uma vizinha que parecia ser mais feliz do que qualquer outra pessoa que eu conhecia. Caroline realmente adorava as pessoas – gostava de todo mundo, não importava quem fosse ou o que fizesse.

Ela dizia: "Você precisa conhecer o Ross. Ele é muito legal! Você vai adorá-lo." Ou então: "Venha conhecer a Sharyn. Ela é o máximo, uma das minhas melhores amigas." Então eu ia conhecer Ross, o garçom, ou Pablo, o piloto, ou Joe, o jardineiro, ou Nil, o ex-guerrilheiro, e pensava: "É, eles são legais... mas não são *o máximo.*" Não ficava morrendo de amores por eles.

Mas Caroline os adorava – de verdade – e estava sempre feliz. Quando a conheci, ela havia acabado de perder a mãe por conta de um câncer e seu marido a havia trocado por uma mulher mais nova. Ainda assim, ela olhava as coisas pelo lado positivo.

Um dia, quando Caroline voltava do trabalho para casa, seu carro pegou fogo e foi totalmente destruído. Encontrei-a por acaso naquela noite e ela me disse, com um enorme sorriso: "Você nem imagina o que aconteceu hoje... Meu carro pegou fogo!"

Dava para pensar que ela tivesse ganhado na loteria. Naquele dia não consegui me segurar e perguntei: "Por que você está sempre tão feliz?" A resposta veio com mais um sorriso: "*Decidi* ser assim. Cansei de ser infeliz!"

Achei que Caroline estivesse de brincadeira ou tivesse ficado louca. A ideia de que alguém pudesse *escolher* a felicidade parecia absurda. Eu achava que a felicidade fosse como a gripe – às vezes você pega, às vezes não. Seria possível escolher ser feliz?

Um mês depois, Caroline ganhou mesmo na loteria – e o prêmio foi equivalente a um carro zero. Ela ficou feliz, é

claro, mas não mais feliz do que no dia em que seu carro pegou fogo.

Você realmente quer ser feliz?

Muitas pessoas dizem "Quero ser feliz!", mas de que forma elas pensam? Do que falam? Para o que dão importância?

Quando você *realmente* quer ser feliz, para de reclamar da artrite, por exemplo. Quando você *realmente* quer ser feliz, não guarda mágoas de seu namorado. Você pode continuar com ele ou terminar o relacionamento, mas, de qualquer forma, se livra da lista mental de todos os erros do rapaz.

Se você realmente quiser ser feliz, você será.

Ficamos obcecados por infelicidade e reclamação. Mary diz: "Ué, se isso aconteceu, preciso falar disso." Não precisa não, Mary! Da mesma forma como você não precisa comer tudo o que vê pela frente, não precisa falar sobre tudo o que acontece.

Há quem diga que quer ser feliz, mas seu desejo não soa tão forte. Então parece que estão dizendo: "Quero ser feliz *se não tiver que mudar minha maneira de pensar*." Esse não é um compromisso sólido o bastante. Mas, quando passamos por grandes sofrimentos, levamos isso a sério. Decidimos: "Não aguento mais, quero ser feliz."

Talvez esta constatação o abale: se você não é feliz, talvez seja porque não teve vontade suficiente.

Quando você quiser mesmo ser feliz, o que vai acontecer é o seguinte:

- você pensará em coisas que lhe façam bem
- você falará de coisas que lhe façam bem

Aqui vai um exercício simples: todas as manhãs, assim que acordar, decida ser feliz – não para sempre, só por aquele dia. Diga a si mesmo: "Hoje quero ser feliz." Durante o banho, reforce o pensamento: "Quero ser feliz." Quando seus vizinhos fizerem barulho de mais ou um carro fechar o seu na estrada, repita para si mesmo: "Quero ser feliz." Quando tudo parecer estar errado (e quando tudo parecer estar certo), pense: "Quero ser feliz." Você se torna aquilo em que pensa.

A história de Geoff

Enquanto os paramédicos me carregavam para fora de casa, um deles perguntou à minha esposa, baixinho: "Onde seu marido preferiria morrer?"

Quatro meses atrás, eu estava à beira da morte. Os marcadores tumorais em meu sangue, que chegaram a 22 mil, hoje estão em 170.

Se foi um milagre? Para mim, sim. Na verdade, dois médicos – meu oncologista e meu especialista da UTI – me apelidaram de "Lázaro", um sem saber que o outro me chamava assim. Cheguei a esse ponto.

Tudo começou em 2 de agosto de 2007, quando, depois de três meses reclamando com meu clínico geral porque vinha precisando constantemente levantar no meio da noite para ir ao banheiro, ele me encaminhou a um especialista. Os resultados dos primeiros exames foram ruins. O da biópsia foi pior. Eu estava com um câncer na bexiga.

Minha vida e a de minha família viraram de cabeça para baixo. Anos antes, minha esposa, Jillian, havia passado por sua própria luta contra um câncer de mama. Agora ela precisava dar mais essa má notícia aos nossos filhos, Madeline, de 22 anos, e Sam, de 16.

Feliz aniversário!

Então, no dia do meu 57º aniversário – 13 de agosto –, passei por uma cirurgia de seis horas de duração, mas, apesar de parte do câncer e de minha bexiga terem sido removidas, os médicos informaram que eu precisaria de tratamento contínuo, inclusive quimioterapia.

Depois de meses de tratamento, comecei a achar que havia vencido a doença, mas ela voltou, dessa vez se alastrando por toda a parte externa da parede do meu reto. Resultado: 33 sessões de radioterapia e mais quimioterapia, cinco vezes por semana. Em seguida veio uma obstrução no intestino, que também foi diagnosticada como câncer.

Em dezembro do ano passado, nós quatro chegamos a Londres para começar nossa viagem de seis semanas pela Europa e pelos Estados Unidos. Logo no primeiro dia, me senti tão mal que não consegui comer. Minha barriga inchou. Fui internado num hospital em Westminster.

> *"Se eu estava morrendo, era um péssimo momento para isso."*

Se eu estava morrendo, era um péssimo momento para isso. Eu havia trabalhado no *Daily Express* na década de 1970 e tinha marcado um reencontro com cinco antigos colegas de redação para aquele dia. Mas o reencontro teria de ser cancelado. Na verdade, as férias teriam de ser canceladas. Os médicos ingleses disseram que não era possível operar meu câncer e que eu deveria voltar para a Austrália imediatamente para me tratar. Ainda assim, me restavam apenas alguns meses – talvez semanas – de vida, eles disseram.

Feliz Natal!

As coisas pioraram. Como meu caso era grave, a política da companhia aérea não permitia que eu fizesse minha viagem de 24 horas de volta para casa sem acompanhamento médico. Faltavam apenas três dias para o Natal. Onde encontraríamos alguém disposto a seguir comigo até a Austrália?

Já fazia 50 anos que eu não acreditava em Papai Noel, mas tive que voltar a acreditar. E este era de verdade. A primeira pessoa a quem minha esposa Jillian pensou em pedir ajuda foi um amigo cirurgião, Bernie. Ele já estava nas comemorações de Natal quando Jillian ligou. Quando ela perguntou se ele conhecia alguém que estivesse disposto a fazer tal ato de bondade, ele não hesitou: "Estarei no próximo voo", respondeu.

Jillian ficou impressionada. Ele estava abrindo mão do Natal com a família para me levar para casa. No espaço de algumas horas, Bernie providenciou tudo e embarcou. Depois de apenas seis horas em Londres (e um rápido almoço de Natal com minha família, sem parar para dormir), ele se informou sobre minha condição, recebeu o aparato médico necessário e instruções de como proceder caso algo desse errado. Quando chegamos a Melbourne, uma ambulância me levou direto para o hospital.

Apesar do prognóstico dos médicos ingleses, meus médicos não concordaram em me submeter a um tratamento paliativo. No dia seguinte à minha chegada, eles me fizeram uma cirurgia de emergência no intestino e deram início a novas sessões de quimioterapia.

Faz sete meses que tudo isso ocorreu. Cheguei a ficar tão magro e fraco que a maioria das pessoas acreditava que meus dias estavam contados, mas hoje recuperei os 23 quilos que havia perdido. Os médicos sabiam que meu caso era complicado, mas nunca desistiram de mim.

As coisas pioram

Mas antes de melhorarem as coisas ficaram bem ruins. Em janeiro, alguns dias depois de ter começado o novo tratamento, acordei sentindo-me tão fraco que disse a Jillian: "Acho que vou morrer." Eu quase acertei. Não fosse pela agilidade dos paramédicos, que chegaram à minha cama quatro minutos depois de meu filho telefonar para a emergência, e pela excelência da equipe médica que me atendeu no hospital, é muito provável que eu não tivesse sobrevivido.

Eles chegaram à conclusão de que a quimioterapia estava causando uma infecção. Meu quadro era de septicemia e eu precisava de antibióticos – urgentemente. Sem eles, não sobreviveria por muito tempo. Enquanto os paramédicos me carregavam para fora de casa, um deles perguntou à minha esposa, baixinho: "Onde seu marido preferiria morrer?", ao que ela respondeu: "Em casa." No entanto, passei aquela noite na cama do hospital, sob cuidado intensivo, comendo sanduíches e bebendo café. Sentia-me melhor no dia seguinte e recebi notícias animadoras de meu médico: "Se essa quimioterapia quase o matou, há grandes chances de que mate seu câncer também."

Ele estava certo. Pouco tempo depois, descobrimos que a quimioterapia tinha dado resultado.

Os marcadores tumorais causados pelo câncer caíram vertiginosamente, consegui andar sozinho de novo, a musculatura das minhas pernas se fortaleceu, meu apetite e minha vontade de tomar uma taça de vinho (que eu não tinha havia meses) voltaram.

Alguns meses atrás, Jillian me forçava a comer sorvete e chocolate, qualquer coisa que pudesse me fazer ganhar peso. Os tempos mudaram. Essa semana ela me repreendeu por comer demais. Fiquei sem saber se era para rir ou chorar.

Foi uma jornada inimaginável e, em muitos momentos, de cortar o coração. O câncer é assim. Mas pode ser vencido. Não que eu o tenha derrotado – os médicos afirmam que não podem garantir que eu esteja curado para sempre – mas, graças aos profissionais maravilhosos que me atenderam e ao apoio de minha família, que ficou ao meu lado durante todo o tempo, ainda estou aqui.

GLÓRIA! EU ESTAVA JUSTAMENTE PENSANDO EM VOCÊ!
© ANDREW MATTHEWS

3. Pensamentos

Sua mente é um ímã

Seus pensamentos são como ímãs. Quando você está bem, atrai experiências inspiradoras, quando você está mal...

Mês passado eu estava em um avião no aeroporto de Hobart. Enquanto esperava para decolar, pensava na melhor maneira de explicar às pessoas a lei da atração. Como eu poderia mostrar que atraímos pessoas e situações de acordo com a forma que nos sentimos? Como exemplificar que, *quando estamos felizes, atraímos coisas boas* e, *quando estamos chateados e aborrecidos, atraímos eventos que nos fazem sentir pior*?

Uma passageira ofegante e com cara de poucos amigos foi a última a entrar no avião. Assim que ela viu que havia uma mala grande no compartimento acima de *seu assento*, ficou ainda mais aborrecida. Quando percebeu que não havia espaço para suas bolsas *em lugar algum* do compartimento superior, pareceu ficar realmente furiosa.

Ela então se sentou com bagagem entre os pés e fogo nas ventas. Quando aterrissamos, o dono da mala se levantou, esticou os braços para puxá-la do compartimento e... a deixou cair na cabeça da passageira. Pôu!

Quando você pensa que a vida está contra você, ela fica contra você.

Quando você está feliz, as outras pessoas e a vida o recompensam das formas mais inesperadas. Quando você está estressado, furioso ou sentindo-se vítima das circunstâncias, a vida lhe dá um soco no estômago. Se você sai do trabalho com raiva, as pessoas o maltratam no metrô. Mas o oposto também é verdadeiro – lembre-se de como o mundo muda quando estamos apaixonados.

O mundo é um espelho que deixa transparecer exteriormente os seus pensamentos mais íntimos. É por isso que VOCÊ NÃO PODE CONSERTAR A VIDA MUDANDO O EXTERIOR. Se as pessoas na rua são grosseiras, passar por outra rua não resolverá o problema! Se ninguém no trabalho o respeita, mudar de emprego não será a solução.

A maioria de nós aprendeu a fazer as coisas às avessas. Aprendemos: "Se você não está feliz com seu emprego, arrume outro. Se não gosta mais de sua esposa, encontre outra." Às vezes é certo trocar de emprego ou de parceiro. Mas se você não modificar a maneira como pensa, estará apenas se preparando para repetir a mesma situação.

Existe uma explicação científica para isso?

Na escola, os professores mostram ilustrações que representam átomos e ensinam que eles são como tijolinhos microscópicos que compõem todas as coisas no mundo.

A física quântica, que estuda partículas *subatômicas*, há muito tempo descobriu que os átomos na verdade são formados de *energia*. Eles, que entram na composição de tudo o que é sólido no mundo, não são sólidos. Em última instância, isso significa que nada do que pensamos ser sólido o é. A MELHOR ANALOGIA PARA RETRATAR O UNIVERSO NÃO É UMA GRANDE MÁQUINA, MAS UM GRANDE PENSAMENTO. A ideia de que tudo é *consciência* é ciência pura!

Todo *pensamento* e todas as *coisas* têm sua vibração própria e única. A vibração é a linguagem do Universo e, a cada pensamento nosso, nos comunicamos com ele. Isso provavelmente não é novidade para você, que sabe disso e já viveu os efeitos.

Você pode estar pensando: "Tudo bem, então tudo é feito de energia do pensamento, inclusive meu carro, minha sogra e este livro. Mas meus pensamentos são apenas uma pequena quantidade de energia neste Universo gigantesco. Como *eles* poderiam atrair coisas e criar situações?"

Vejamos se isto ilustra melhor: imagine que você fizesse uma viagem por dentro de seu próprio fígado. Você veria milhões de células crescendo, se reproduzindo, morrendo. Mas tudo pareceria caótico. Nada faria sentido.

Se você pudesse olhar seu fígado como um todo, as coisas fariam mais sentido. Mas apenas se você visse o contexto, o *corpo inteiro*, a mágica do processo se revelaria. Você perceberia bilhões de células atuando em conjunto, de maneiras que nunca chegaremos a entender.

O mesmo vale para os nossos pensamentos. É através deles que nos *conectamos a tudo* de formas que sequer entendemos.

Mas isso é tão improvável!

Fred diz: "Isso é tão fantástico que nem dá para acreditar!" Óbvio que é fantástico! O Universo é improvável e fantástico demais.

Por exemplo: o Universo se expande à velocidade da luz. Não é fantástico? Qualquer célula sua, seja do dedo do pé ou da bexiga, contém a configuração de seu corpo inteiro. Não é fantástico? E o que dizer da própria vida e do fato de você, que um dia foi apenas uma célula fertilizada, estar agora lendo este livro? Não é fantástico? É tudo um milagre.

O acidente de Julie

Em uma manhã de setembro de 2004, Julie e eu tivemos um desentendimento. Falei algo insensível que a deixou furiosa. Em 20 anos juntos, eu nunca a tinha visto tão irritada. Quando ela pegou a chave do carro e saiu para um compromisso, pensei: "Quando uma pessoa está nervosa como Julie agora, não deveria dirigir!"

Menos de 10 minutos depois, ela estava parada em um cruzamento quando uma van se aproximou em alta velocidade, fugiu do controle e foi direto em direção ao carro dela. Graças a Deus, Julie saiu ilesa.

Como minha esposa logo ficou sabendo, a van também era dirigida por uma senhora furiosa. Aí você pergunta:

- Julie estava pensando em sofrer um acidente de carro? Não!
- Julie queria o acidente? Não!
- Ela estava tomada por fortes sentimentos negativos? Sim!
- Ela recebeu em troca uma experiência negativa? Com certeza!

Talvez você argumente: "Mas o carro de Julie nem estava em movimento. Não foi culpa dela!" Pergunte a Julie e ela confirmará que atraiu o que aconteceu. Ela dirá que não parava de pensar "que dia horrível" aquele era. E a vida lhe proporcionou uma experiência horrível. Você é um ímã. A forma como se sente determina a qualidade do que vai viver.

Aí você pergunta: "Então isso significa que todos os motoristas irritados vão sofrer acidentes de trânsito?" Não. Isso significa que, se você estiver com uma energia que diz "a vida é uma droga", a vida retribuirá seus pensamentos oferecendo-lhe experiências ruins. E se você estiver dirigindo nesse momento, as probabilidades de um acidente só aumentam.

EM POUCAS PALAVRAS
Pensamentos positivos atraem experiências positivas. Pensamentos de fúria ou vitimizantes atraem experiências ruins.

Nós atraímos o que sentimos

Quantas vezes você já se viu exatamente na situação que não queria? Você disse a si mesmo: "Se há uma coisa que não quero que aconteça...", ou "Se há uma pergunta que não quero responder...", ou "Se há um erro que não quero repetir..." e o que aconteceu depois?

Depois de se divorciar, você decide conhecer outras pessoas e marca um encontro em um restaurante. Você pensa: "Se há uma pessoa que não quero encontrar hoje, é meu ex-marido." E adivinha quem está sentado na mesa ao lado quando você chega?

Atraímos o que tememos. *Não passe sua vida pensando em doenças, acidentes de carro ou em seu ex-marido.* Preencha sua mente com pensamentos que evoquem saúde e felicidade.

Nós atraímos o que sentimos. Quando você não se sente amado, não atrai amor. Enquanto se sentir solitário, não fará amigos. Enquanto se considerar falido, não terá prosperidade.

Quando a vida está difícil, parte do problema somos nós. Talvez você pense: "Mas, quando minha vida melhorar, vou me sentir melhor." A questão é exatamente esta. PRIMEIRO VOCÊ TEM QUE SE SENTIR BEM – em relação a você, ao seu trabalho, ao seu saldo bancário – e só depois as coisas melhoram.

Padrões

Fred diz: "Espere aí! Se os pensamentos criam situações, as pessoas que se veem como vítimas continuariam passando por situações difíceis eternamente! Haveria pessoas que sempre ficariam doentes, pessoas que sempre entrariam em confusões e pessoas que só teriam relacionamentos complicados."

Ele argumenta: "Se seus pensamentos criam a vida, haveria pessoas com *pensamentos ricos* que enriqueceriam cada vez mais e pessoas com *pensamentos pobres* que ficariam cada vez mais na miséria!" E continua: "Se são os pensamentos que criam sua vida, haveria pessoas felizes passeando de uma aventura para outra e pessoas infelizes cambaleando de uma tragédia para outra!"

Exatamente, Fred. É assim que acontece. É assim que sempre aconteceu.

Algumas pessoas estão sempre sem dinheiro! Você pode lhes dar 10 mil reais e, na semana seguinte, elas não têm o suficiente para comprar uma pizza.

Outras estão sempre ocupadas e usam qualquer desculpa para não relaxar.

Algumas pessoas vivem sendo passadas para trás – por vendedores, companhias telefônicas, namorados e parentes.

Você já deve ter ouvido alguma mulher dizer: "Sempre acabo me envolvendo com o cara errado." É como se ela tivesse um radar que detectasse homens preguiçosos, egoístas e grosseiros.

Há, ainda, pessoas que estão sempre atrasadas. Elas podem acordar às 6h para chegar ao trabalho às 9h e, às 10h15, estarem em casa procurando a chave do carro.

Alguns jovens estão sempre se envolvendo em brigas. Anos atrás, meu amigo John me convidou para tomar uma bebida num bar. Tínhamos chegado havia cerca de 20 minutos quando percebi uma briga. Um homem forte e peludo estava esganando outro. Olhando com mais atenção, percebi que o que estava sendo sufocado era John.

Fui até lá e educadamente pedi ao fortão que soltasse meu amigo. John e eu fomos para outro bar. Ele pediu uma bebida e eu fui ao banheiro. Quando voltei, havia uma multidão espancando alguém perto da mesa de sinuca. E esse alguém era John!

Ao levá-lo para o carro, ele sugeriu que fôssemos a outro lugar animado e me contou sobre suas brigas. "É inevitável!", disse ele. John é o tipo de pessoa que vê a história se repetir. Elas acreditam que "Não há nada que eu possa fazer", porque:

a) "o mundo é assim", ou

b) "eu sou assim e não vou mudar"

Nenhuma dessas afirmações é verdadeira.

Obviamente também há padrões positivos. Algumas pessoas fazem novas amizades aonde quer que vão. Outras ganham dinheiro onde quer que estejam. Algumas se divertem em qualquer lugar. Alguns jogadores de futebol sempre estão onde a bola é lançada.

Para algumas pessoas, de alguma forma *tudo sempre dá certo*... O carro de Dave quebra no meio do nada, um estranho

para e lhe dá carona, leva-o em casa e ainda lhe oferece um emprego. Você acha que é mera coincidência?

Por que isso aconteceu comigo?

Todos nós temos padrões subconscientes de comportamento, que são como uma programação automática, mas esses padrões não representam o que somos. Por exemplo, há uma forma automática de lidar com dinheiro que não requer que se pare para raciocinar. Há uma forma de lidar com pessoas ou problemas, de se manter ocupado, de estar sempre atrasado que não exige que se pare para pensar.

Quando mantemos os mesmos pensamentos, reforçamos a mesma autoimagem e os mesmos comportamentos. Quando mantemos os mesmos pensamentos, atraímos as mesmas situações, as mesmas pessoas e os mesmos resultados.

EM POUCAS PALAVRAS

Fred diz: "Eu penso desse jeito porque minha vida é uma bagunça!"

Não, Fred, sua vida é uma bagunça porque você pensa desse jeito!

O pensamento é mais importante que a ação?

Ambos são importantes. A ação é o pensamento em movimento. Ela acelera os resultados. Quando você age, demonstra acreditar em suas ideias.

Por exemplo:

- Você economiza dinheiro toda semana – o que confirma que você acredita ser possível viver sem dívidas.
- Você faz uma reunião de vendas – o que confirma que você acredita ser possível vender.
- Você levanta pesos – o que confirma que você acredita ser possível entrar em forma.

A ação é parte do processo. É preciso fazer mais do que apenas *mentalizar* prosperidade ou um corpo saudável. Mas se você agir sem se concentrar num objetivo, os resultados de seus esforços serão limitados.

Uma rotina diária

O exercício que vou apresentar é praticado por milhões de pessoas no mundo inteiro. Todas as manhãs, antes de ser bombardeado pelas notícias dos jornais, feche os olhos e imagine o dia que terá pela frente. Idealize um dia perfeito. Imagine-se alegre, eficiente, seguro, gentil e saudável. Pense que tudo acontecerá exatamente como você deseja. Imagine-se cheio de energia, tranquilo, rindo, cercado de amigos e familiares, feliz por ser quem você é, vencendo desafios e estando no lugar certo na hora certa.

Faça suas próprias notícias!

Se isso fará seu dia perfeito? Bem, com certeza o deixará muito *melhor do que se você não tivesse feito esse exercício.* E, quando você o pratica dia após dia, sua vida passa a refletir cada vez mais o que você mentaliza. Pense no que você deseja na vida, faça uma lista e prenda-a na parede. Depois releia-a antes de cada mentalização matinal.

Não conheço rotina diária mais poderosa que essa. Ela é muito simples, como as coisas mais úteis normalmente são. Se existe uma frase que toda criança deveria aprender desde pequena, é: *concentre-se no que você deseja.*

A história de Rod

Era para ser um dia de comemoração, um dos mais felizes da minha vida...

O ano era 1998. Eu era casado e tinha três filhos, de 3, 4 e 8 anos. Minha esposa e eu estávamos indo para Wellington, onde eu receberia um prêmio por ser o 9º colocado entre 150 vendedores.

Estávamos no carro, seguindo para o aeroporto, quando ela me disse: "Não aguento mais. Quero o divórcio." Não pude acreditar naquilo. Meu mundo caiu. Senti-me fraco e confuso. Não queria me separar da minha esposa e não parava de pensar nos meus filhos, tão pequenos e vulneráveis para verem seu lar desfeito. Fiquei devastado e chorei durante todo o trajeto até Wellington.

Minha história é bastante comum:

- Na época, meus objetivos eram: ganhar dinheiro, ter uma bela casa, pagar boas escolas para as crianças e viajar.
- Minha esposa estava apaixonada pelo meu melhor amigo e tudo acontecia bem debaixo do meu nariz.
- No dia em que saí de casa, ele se mudou para lá.
- Eu deveria ter ouvido minha intuição e saído daquele relacionamento antes que ele ficasse realmente sério. No fundo, sempre soubera que ele poderia terminar daquela forma.

“*Como pai, tudo parecia estar contra mim.*”

Da noite para o dia, perdi minha esposa, meus filhos, minha casa e meu melhor amigo. Nos 12 meses seguintes, perdi meu negócio, todo o meu dinheiro, o rumo e a fé no sistema judiciário. Nossa casa foi vendida porque o banco estava prestes a tomá-la. Perdi a fé nas pessoas. Perdi tudo.

Como pai, tudo parecia estar contra mim. Eu ficava com meus filhos uma vez por semana, aos domingos, durante uma hora. Sentia muita falta deles e chorava toda noite, até cair no sono. E eu era visto como o vilão da história. Conforme descobri depois, meus filhos estavam sendo manipulados e psicologicamente maltratados.

É difícil manter-se otimista quando se está sozinho. Li livros de autoajuda, passei a empregar frases motivadoras e procurei aconselhamento. Também assisti ao vídeo *O segredo*, que me deu força e me levou à meditação. Li os livros do Andrew Matthews. Tudo me ajudou.

Continuei a amar meus filhos e a lutar por eles na justiça. Um ano e milhares de dólares depois, consegui a guarda das crianças. Agora, passados 11 anos, tenho uma companheira encantadora e filhos felizes. Adoro meu trabalho como consultor financeiro e reergui minha empresa. Sinto-me alegre e bem-sucedido. Sim, perdi meus filhos durante um ano, passei por momentos de dor e sofrimento, mas não mudaria nada do que aconteceu.

Às vezes a vida é difícil, mas nunca desista! Se você deseja muito alguma coisa, pode conseguir, não importam quais sejam os obstáculos. Hoje sou um homem feliz e tenho orgulho de tudo o que conquistei.

ANDREW MATTHEWS

4. Goste de si mesmo!

Vitoriosos e perdedores

Em 1958, um nova-iorquino chamado Robert Lane teve um filho. Robert já tinha vários filhos e, talvez por estar sem ideias para nomes, registrou o bebê como "Vitorioso".

Três anos depois, Robert teve outro filho e decidiu chamá-lo de... "Perdedor"! Assim, agora havia um irmão *Vitorioso* e um *Perdedor*. O tempo passou e os dois cresceram. Um ganhou uma bolsa para a faculdade, se formou e entrou para o Departamento de Polícia de Nova York. O outro foi para a cadeia.

Quem você acha que foi para a faculdade e quem foi para a cadeia?

O Perdedor se formou numa boa faculdade e entrou para a polícia. Vitorioso foi preso mais de 20 vezes por furto, invasão de propriedade privada e violência doméstica.

A maioria de nós acreditaria que, quando seu pai o chama de *Perdedor*, esse é um mau presságio. Mas o que importa não é o que os outros pensam, mas a forma como *você mesmo se vê* – ainda que comece a vida como um perdedor.

As consequências são equivalentes às causas

Há alguns anos reparei que, quando me sentia irritado ou estava tendo um dia ruim, eu acabava machucando o pé, batendo a cabeça ou queimando os dedos sem querer. Sempre que me dizia "sou um idiota" ou ficava zangado comigo mesmo, eu de alguma forma me punia fisicamente. Também descobri que, quando me sentia bem, as pessoas eram mais simpáticas.

Você já percebeu que, quando você se sente bem, os outros parecem mais legais? Não é curioso como as pessoas mudam? O mundo é reflexo do que somos. Quando não gostamos de nós mesmos, não gostamos de mais ninguém. Quando amamos ser quem somos, o restante do mundo fica maravilhoso.

Nossa autoimagem determina exatamente como nos comportaremos, com quem vamos interagir, do que nos aproximaremos e o que evitaremos. Cada ação e pensamento nossos se originam na forma como nos vemos.

Se você tem uma autoimagem ruim, vai tolerar ser maltratado ou agredido por praticamente qualquer pessoa. Pensará coisas como: "Eu não sou ninguém, nem tenho tanta importância assim e sempre sou tratado desse jeito. Talvez eu mereça."

Paula quer um parceiro

Paula é bonita, inteligente e quer muito se casar. Ela conhece Andy em um bar e eles começam um namoro. Tudo é maravilhoso durante seis semanas e então, sem qualquer motivo, eles têm uma briga feia e terminam.

Ela conhece Barry. Eles ficam juntos e felizes durante um mês e meio e de repente Barry decide voltar para a ex. Fim do namoro.

Paula conhece Cosme pela internet. Tudo é um mar de rosas e romantismo durante um mês ou dois e eles falam até em casamento. Então, do nada, Cosme foge para o México. A história de Paula continua com Dario, Emilio, Franco, Lino, Hugo, Ignacio, Jaroslav, Kieran, Levi, Mohammed...

Tudo o que Paula deseja é um homem que a ame, mas nunca consegue.

Ted quer uma medalha de ouro

Ted sempre foi um atleta de alto nível, mas nunca chegou a ser campeão nacional. Finalmente, depois de 10 anos de suor e trabalho, ele chega à final dos 400 metros.

Na corrida da sua vida, ele explode na largada, continua firme na reta e segue na dianteira até a última curva. A 20 metros da linha de chegada, prestes a sair com a medalha de ouro, ele rompe um tendão. Volta para casa em último lugar.

Jim e Josie querem uma vida fácil

Jim e Josie vivem sem dinheiro desde que se entendem por gente. Todo mês é uma luta para conseguir pagar o aluguel, a escola das crianças e comprar comida. "A vida não foi feita

para ser fácil", dizem. Então, um dia, chega a vez deles: eles ganham na loteria um prêmio de um milhão.

Compram um apartamento, o mobíliam *inteiro* e não deixam de adquirir uma TV de 50 polegadas. Compram carros zero, fazem um cruzeiro pelo mundo e investem os 300 mil restantes com um amigo.

Mas o amigo foge para o México com os 300 mil. (Será que era o Cosme?) Em pouco tempo, Jim e Josie precisam pegar um empréstimo no banco para pagar os custos dos carros. Sem dinheiro, vendem o apartamento e a TV. Em dois anos, estão totalmente falidos. "A vida não é justa!", Jim reclama.

Por que seguimos padrões?

Por que esse "azar" acontece a pessoas boas, inclusive nós? Aqui vai o porquê – e ele está na base de tudo...

O que conseguimos e recebemos depende inteiramente de nosso pensamento e tudo o que pensamos é moldado por nossa autoimagem. Se, lá no fundo, você acredita que não merece algo, então você: a) nunca vai conseguir, ou b) vai conseguir e perder.

Para que Paula tenha um relacionamento saudável e duradouro, ela precisa acreditar que merece ser amada *e* que isso é possível. Não me refiro ao "*Eu mereço*" da boca para fora, mas ao "*Eu mereço*" do fundo do coração.

Para que Ted leve uma medalha de ouro para casa, ele precisa se ver como um campeão, precisa *sentir* que é o melhor.

Pensar "não sou bom o suficiente" ou "nunca vou conseguir" certamente irá sabotar uma vida inteira de treinos.

Jim e Josie dizem que querem uma vida mais fácil, mas, se acreditam que a vida vai ser difícil ou que Deus os amará mais se eles passarem por dificuldades, sempre encontrarão uma forma de sofrer – ainda que ganhem 1 milhão ou 100 milhões.

Assaltantes de banco são o exemplo perfeito de que a prosperidade pode ser sabotada pela autoimagem. Não consigo imaginá-los olhando-se no espelho diariamente e dizendo: "A vida é bela. Eu me amo e me aceito." Grande parte das pessoas que acabam vivendo no crime cresce em lares com pouco dinheiro e muitas agressões. Quando você acredita que "a vida é injusta e estou sempre precisando de dinheiro", encontra formas de gastar fortunas em um único fim de semana. O problema dessas pessoas não é que não saibam *administrar* aquilo que têm para viver, mas que não tenham uma boa *autoimagem*.

Talvez você argumente: "A questão não é a autoimagem. O problema é que eles se envolvem com pessoas ruins que têm prazer em andar armadas." Mas é a autoimagem que determina com quem eles se envolvem.

Há dezenas de exemplos de homens que nasceram em famílias pobres e foram maltratados na infância, tornaram-se atletas e campeões mundiais, ganharam milhões e morreram sem dinheiro. Mike Tyson ganhou e perdeu cerca de 300 milhões de dólares. Não foi apenas por causa de maus investimentos.

A história de Annie

Mesmo o homem mais bonito fica feio quando bate em você.

Por quase 20 anos eu fui espancada e agredida verbalmente por homens. Ainda estou juntando as peças para saber ao certo como isso começou e por que deixei que continuasse.

Fui criada em uma pequena cidade do interior, em uma família cristã, com mais três irmãos. Sempre fui uma criança levada e com frequência isso me colocava em maus lençóis. Para compensar, tentava fazer coisas que deixassem meus pais orgulhosos de mim. Por exemplo, nossa religião proibia comemorações de aniversários ou Natal, mas não havia regras relacionadas a bodas. Eu adorava preparar o café da manhã dos meus pais em seu aniversário de casamento – e, mesmo assim, às vezes eu criava mais problemas, como na vez em que me esqueci de colocar água na chaleira elétrica e ela explodiu. Não importava quanto me esforçasse, parecia que nunca acertava.

No início do ensino médio, eu era uma adolescente segura e extrovertida e sonhava ser professora. Era curiosa e um tanto rebelde e minha busca por popularidade às vezes me colocava em más companhias.

Então, aos 14 anos, fui estuprada.

Confusa e envergonhada, não contei a ninguém. Mas meus pais e as pessoas da escola e da igreja descobriram, e isso foi motivo de vergonha para meus pais e para a igreja. Fui chamada perante os presbíteros para me desculpar. Eu não conseguia entender por que deveria fazer isso. Seria como dizer que a culpa era *minha*. Quando me recusei a concordar com isso, fui *expulsa* da igreja.

Depois disso, ficou difícil continuar vivendo na mesma casa que meus pais e, assim que completei 16 anos, fui morar com uma amiga. Eu estava sendo rejeitada e, mesmo sempre tendo sido boa aluna, abandonei a escola e fui trabalhar em uma mercearia asiática. Depois, arrumei um segundo emprego. Ganhava pouco em ambos, não tinha estudo, não tinha família para me orientar. Um ano mais tarde, meu namorado, John, me convidou para morar em Melbourne com ele. Pareceu uma ideia maravilhosa.

Em um buraco negro

John me disse que dividiríamos a casa com uma ex-namorada dele e a irmã dela. Na verdade, ele estava ficando com as *duas* – e eu era a namorada número três. Eu dormia em um colchão na sala. John fazia sexo comigo durante o dia e, à noite, ia para a cama com as duas irmãs. Por dois anos, fui prisioneira em uma casa violenta a milhares de quilômetros

> *Cortava meus braços simplesmente para sentir a dor.*

da minha cidade. Não conhecia ninguém, não tinha dinheiro ou lugar algum aonde ir. Vivia amedrontada pelas surras e constantes agressões verbais de John. Temia pela minha vida todos os dias. Sentia-me inútil, desvalorizada e rejeitada. Estava desiludida, humilhada e muito, muito triste.

Era como viver em um buraco negro. Quando tudo é solitário e sombrio, ficamos entorpecidos. Comecei a me cortar. Pegava uma tesoura de unha e cortava meus braços simplesmente para sentir a dor e ver o sangue correr por meus punhos. Pode parecer estranho, mas, naquela época, era a única forma de lembrar a mim mesma que eu estava viva e ainda podia sentir alguma coisa. Eu tinha a sensação de estar enlouquecendo.

Descobri que John era um traficante envolvido com o crime organizado. Ele embalava e pesava heroína e cocaína em nossa cozinha. Tivemos de nos mudar diversas vezes, mas, apesar de o endereço ser diferente, a mistura nociva de drogas, crimes e agressões físicas continuava.

Foi na época em que morávamos com um homem que havia sido condenado por assalto à mão armada que tentei escapar pela primeira vez. Acordei um dia e decidi: "Não aguento mais!" Arrumei minhas coisas e chamei um táxi. Assim que entrei nele, John chegou e estacionou atrás de nós.

Ele me algemou a uma cama e me deixou durante 48 horas em uma casa vazia para me dar uma lição. Alguns meses depois, consegui escapar.

Mais relacionamentos agressivos

O que se seguiu foi uma série de relacionamentos agressivos. Aos 24 anos, duas semanas antes do nosso casamento, meu noivo quebrou meu nariz. Se uma amiga não tivesse me convencido do contrário, eu teria me casado com ele mesmo assim.

Por que me senti atraída por tantos homens "errados" e por que fiquei com eles? Nem eu sei direito, mas com certeza minha baixa autoestima fez com que eu me expusesse a isso.

Eu acreditava que a culpa era minha, que, se mudasse de comportamento, meus namorados me amariam de verdade.

Se tenho raiva disso? Não mais. Não dá para mudar o que passou. Fiz algumas escolhas erradas, que ficaram no passado.

O que aprendi?

- Não tenho por que sentir vergonha por ter sido estuprada.
- O poder da aceitação. Aceitar não significa que você concorde com algo que aconteceu.
- Depois do estupro, me entreguei à promiscuidade, não porque quisesse sexo, mas porque precisava dos abraços, queria que alguém me achasse legal e bonita.
- Li em um livro que é comum que mulheres vítimas de estupro se voltem contra os homens e tenham rejeição ao sexo ou que percam o amor-próprio e optem pelo extremo oposto. Essa informação foi um grande alívio para mim, porque explicou bastante sobre meu próprio comportamento quando eu acreditava que havia algo de errado comigo.
- Eu achava que, se demonstrasse interesse por um homem, teria que fazer sexo com ele – do contrário, me sentia culpada por tê-lo provocado. Hoje sei que o que quero também conta. Posso dizer "não" e ele vai superar.
- Agora que gosto mais de mim, não tenho pressa em me envolver. Eu costumava procurar pelo cara mais bonito em uma festa, começar a me relacionar com ele e só depois descobrir quem ele era. Hoje sei que mesmo o homem mais bonito fica feio quando bate em você.
- Atualmente tenho uma lista na minha geladeira contendo todas as coisas que valorizo em um homem: lealdade, honestidade, boa comunicação, confiança. Nenhum dos itens inclui beleza.
- Se um homem mente para você logo no início do relacionamento – se diz que é solteiro quando é casado, por exemplo –, ele mentirá até o fim, quando provavelmente estará tendo um caso com sua melhor amiga.

Por razões que não consigo explicar, sempre tive objetivos e a sensação de que iria sobreviver. Há três anos decidi começar uma nova vida e morar sozinha. Iniciei uma carreira no setor imobiliário e ganhei diversos prêmios por minhas vendas. Agora tenho casa própria, um carro e decidi passar um ano viajando. Estou muito orgulhosa.

Deixei o passado para trás. Hoje sou uma pessoa mais leve e feliz e gosto de mim mesma. Muita coisa mudou em três anos.

Caráter

Você já se olhou no espelho e desejou ter um rosto, um corpo ou um nariz diferentes? Já se perguntou: "Por que as outras pessoas são tão mais espertas e talentosas? Como posso me sentir bem comigo mesmo?"

A maioria de nós já pensou algo assim! Talento e beleza são úteis, mas há muitas pessoas bonitas e talentosas que não admiramos. E algumas delas são insuportáveis!

As qualidades que a maioria de nós valoriza acima de quaisquer outras são HONESTIDADE, CORAGEM, DETERMINAÇÃO, GENEROSIDADE e HUMILDADE.

Preste atenção nessa lista e você vai perceber algo interessante. Ninguém NASCE com essas características. Elas são DESENVOLVIDAS. Qualquer um pode tê-las. Se você realmente desejar, terá! Não é preciso ser um gênio ou uma top model para se respeitar e ser respeitado. Você tem apenas que desenvolver sua honestidade, determinação, generosidade, humildade e coragem. Isso se chama caráter.

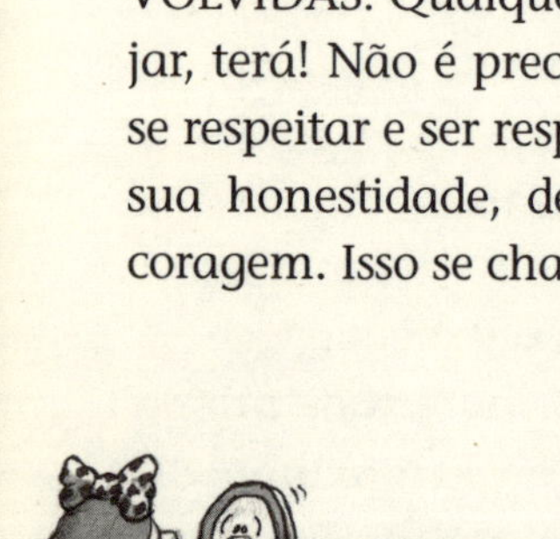

EM POUCAS PALAVRAS

A maneira como você se sente em relação a si mesmo está em suas mãos.

Rótulos

Grande parte do estresse que sofremos vem dos rótulos que damos a nós mesmos.

Dizemos "Sou a esposa de Fulano" e, quando nos divorciamos, nos sentimos um fracasso. Dizemos "Sou um executivo" e, quando somos demitidos, ficamos no fundo do poço. Dizemos "Consigo o que quero" e, quando não conseguimos, nos sentimos um zero à esquerda.

Se digo a mim mesmo que "Sou um anfitrião perfeito", estou preparando minha própria decepção, porque nenhum evento sai exatamente como planejado. Então, quando os vizinhos chegam para o jantar e eu deixo as batatas queimarem, fico arrasado.

Você não é o rótulo que escolheu e, de qualquer forma, ninguém se importa com isso. Você não pertence a uma categoria apenas, é um ser humano com diversas experiências. Quando paramos de tentar manter o que diz nosso rótulo, não precisamos mais nos preocupar com as aparências e finalmente conseguimos relaxar.

Grandes empreendedores têm uma autoimagem mais do que positiva. E o mais importante disso é o seguinte: *a autoimagem positiva vem em primeiro lugar* – o que acontece a partir daí é mera consequência. Nelson Mandela não mudou a história e depois decidiu: "Sou único." Oprah Winfrey não construiu o império da mídia e depois decidiu: "Sou especial." Pessoas assim sabem o que merecem. Elas têm a expectativa de que a vida as vá abençoar, de que viverão experiências extraordinárias, e não se satisfazem com pouco.

Fred diz: "Se conseguisse sair deste inferno, se fosse promovido, se me casasse com uma modelo, aí eu teria uma boa autoimagem." Não, Fred, você precisa consertar sua autoimagem primeiro. Pessoas felizes e bem-sucedidas sabem o que querem e têm certeza de que merecem. Isso se chama autovalorização saudável.

Não importa quanto você saiba. Não importa quantos livros tenha lido nem quantas frases otimistas tenha afixado em sua geladeira. Se você não se valorizar, não deixará que as coisas que deseja aconteçam. Você precisa sentir que as merece.

EM POUCAS PALAVRAS
Você atrai aquilo que você é.

Você consegue!

Talvez você esteja pensando: "Como vou poder me amar o suficiente para conseguir o que quero?" Bem, você não apenas pode como já se amou assim. Quando você era um bebê de 2 meses, você se amava. Mas deixou que seus pais, professores e líderes espirituais fizessem sua cabeça.

Enquanto era bebê, você tinha muitos poderes. Não tinha habilidades nem educação, mas sabia exatamente o que queria, se sentia no direito de receber o que desejasse e acabava conseguindo.

Com 2 meses, você ainda não falava, mas, se falasse, acha que teria dito aos seus pais algo do tipo: "Olha, sei que sou muito chato e inconveniente e que talvez não mereça o que vou pedir. E me sinto péssimo em atrapalhar vocês, mas, se não for dar muito trabalho, será que poderiam me oferecer algo para beber?" É claro que você não se comportaria assim! Então por que agir dessa forma agora?

Todo bebê tem uma autovalorização saudável e o resultado disso é que eles conseguem o que querem, na hora que desejam. Se você quer ter uma vida afortunada, precisa se enxergar como quando era um bebê. Você merecia amor e cuidado quando nasceu e continua merecendo agora. Muitas pessoas acreditam que, a menos que sejam tão inteligentes ou espertas ou bonitas ou bem pagas ou brincalhonas ou espirituosas quanto outras que conhecem, não serão merecedoras de amor e respeito.

Raramente prestamos atenção em nossa beleza interior. Deixamos que outros nos convençam de que não temos valor, compramos a ideia de que somos pecadores, nos tornamos excessivamente autocríticos, acreditando que apontar as próprias falhas seja sinal de humildade. EXCESSO DE AUTOCRÍTICA NÃO É HUMILDADE – É ESTUPIDEZ.

Você já deve ter assistido a filmes românticos água com açúcar e, enquanto o rapaz e a mocinha passavam por bons e maus momentos, você rezava para que tudo desse certo. Ele ia para a guerra, ela saía de casa, ele voltava, ela havia ido embora, ele a encontrava, o pai dela pedia que ele sumisse, a mocinha pedia que ele fosse embora, e durante todo o tempo você torcia para que eles fossem felizes para sempre. No final, eles se casavam e caminhavam abraçados ao pôr do sol. Você secava suas lágrimas e, amassando seu pacote vazio de pipoca, saía do cinema.

Choramos ao ver filmes assim porque, lá no fundo, nos importamos com os sentimentos. Amamos. Ficamos emocionados. A essência de cada um de nós é simplesmente linda. Dependendo de quanto fomos magoados, aprendemos a esconder ou revelar nossos sentimentos mais profundos, mas todos nós temos emoções.

Todos nós sofremos quando os noticiários nos mostram histórias de pessoas que passam fome. Nós nos importamos com elas. Somos assim. Aceite que você tem essas qualidades – a capacidade de amar, de se solidarizar, de ser humano. Você não é só um ser humano, é *humano*. Reconheça seu valor e lembre-se sempre de que você merece ser bem tratado.

A maioria de nós tem uma lista de restrições que impede que nos amemos. Dizemos: "Eu me amaria se não fosse feio", "Eu me amaria se fosse mais bem-sucedido", "Eu me amaria se não bebesse tanto", "Eu me amaria se não fosse tão irritado", "Eu me amaria se conseguisse corresponder aos padrões da minha religião".

Quarenta pessoas dizem que você está muito bem e você anseia por esse elogio como um vampiro pelo pescoço de uma jovem. E então uma pessoa lhe diz algo ruim e em quem você acredita? Imploramos elogios e os descartamos assim que os recebemos.

Se eu trabalhar muito, as pessoas vão gostar de mim

Cresci acreditando que, *quando você trabalha muito, se torna uma pessoa boa.* Por isso, durante toda a minha vida, encontrei desculpas para trabalhar mais e mais. A maioria dos escritores trabalha preparando os textos de seus livros. Encontrei uma forma de trabalhar o dobro – eu escrevo *e* ilustro.

Muitas pessoas deixam o trabalho no trabalho. Eu levo o meu até quando saio de férias – me pego escrevendo discursos na beira da piscina do hotel. Obviamente, sempre tenho uma desculpa perfeita: "Só preciso terminar isso e depois poderei relaxar." Algumas pessoas fazem o trabalho de outras por acreditarem que *só elas* têm condições de fazê-lo bem. Faço o trabalho de outros mesmo sabendo que eles podem fazê-lo melhor do que eu!

Julie me diz: "Você está *pagando o taxista*. Por que você está colocando as malas dentro do táxi?" E eu sempre tenho uma desculpa: "Estamos atrasados, "Este taxista já é um senhor" ou "Preciso me exercitar". Mas a verdade é que falta um pouco de autoestima. Não gosto de ser bajulado e acho que preciso trabalhar duro para que as pessoas gostem de mim e para que eu goste de mim. Mas estou melhorando.

Desculpas ou resultados

Todo mundo sempre tem uma desculpa, um motivo pelo qual fica sem dinheiro, sem um companheiro ou trabalhando 70 horas por semana. Mentimos para nós mesmos: "O problema não sou eu. É o mundo que está fazendo isso comigo." Mas, se a história se repete o tempo todo, é você quem a está fazendo! Se você fica sem dinheiro, sozinho ou exausto durante metade de sua vida, ou por cinco anos, ou mesmo seis meses, é *você quem está causando isso*, movido pela *sua autoimagem.*

A boa notícia é que, quando assumimos a responsabilidade por algo desagradável que se repete e mudamos nosso pensamento acerca de nós mesmos, percebemos imediatamente uma melhora em como a vida e as pessoas nos tratam.

Todos os itens a seguir indicam que precisamos melhorar nossa autoimagem:

Criticar-se

Quando falamos de nós mesmos usando frases como: "Não sou inteligente o bastante", "Eu deveria trabalhar mais", "Não mereço tanto" ou "Sou chato/ feio/ burro".

Criticar os outros

Criticar os outros significa que na verdade não gostamos de nós mesmos.

Comparar-se aos outros

Se nos comparamos a outras pessoas com frequência, esse é um sinal de que não nos aceitamos. Quando procuramos, sempre encontramos alguém melhor do que nós em alguma coisa. Sempre que fazemos comparações, saímos perdendo. Alguma vez você já se comparou a alguém e achou que ficavam empatados?

Dar mais valor à opinião dos outros que à nossa

O que você pensa sobre si mesmo é mais importante do que a opinião de qualquer pessoa a seu respeito! Tem gente que nem se acredita no direito de dizer o que é melhor para si. Mas se a própria pessoa não pudesse escolher o que é certo para ela, quem poderia?

Justificar o próprio comportamento
Sempre que nos justificamos, na verdade é a nós mesmos que estamos tentando convencer. Você não precisa dar satisfação da sua vida a ninguém.

Viver sem
Quando não vamos atrás do que queremos, quando ignoramos nossas próprias necessidades ou nos privamos de luxos desnecessariamente, isso é sinal de uma autoimagem ruim.

Outros indícios de que precisamos trabalhar nossa autoimagem são:

- inveja
- culpa
- dificuldade em elogiar ou receber elogios
- dificuldade em demonstrar afeto ou recebê-lo
- imunidade frequentemente baixa
- insistência em dizer que estamos certos

Se focarmos apenas em nossos próprios erros, o mundo continuará a nos punir e nós seguiremos nos punindo. É assim que enfraquecemos nossa saúde e permanecemos na pobreza e na solidão. Enquanto não gostarmos de nós mesmos, o mundo também não irá gostar. E não adianta culpá-lo por isso.

EM POUCAS PALAVRAS
Amar você é responsabilidade sua e de mais ninguém.

Então o que posso fazer para virar esse jogo?

O que acontece quando você está cuidando de um bebê ou brincando com um cachorrinho? Em pouco tempo você se encanta e vê beleza. Ao olhar para a criança ou o filhote, fica feliz. Você se sente bem consigo mesmo imediatamente. O princípio presente aqui é o seguinte: notar as coisas boas à sua volta faz com que você se sinta melhor

Quando você vê coisas boas nos outros, acaba encontrando-as em si mesmo. O CAMINHO MAIS RÁPIDO PARA VALORIZAR A SI MESMO É VALORIZAR O OUTRO.

Quando se dispõe a procurar pela beleza que há ao seu redor, você fica mais feliz. Quando faz um elogio sincero a alguém, sente-se bem. Muitas pessoas cresceram acreditando que elogiar os outros significava se diminuir, que eles se sentiriam *melhor* e elas, *pior*. Mas a verdade é que, quando elogiamos as pessoas, todos saem ganhando. É como mágica. Ao procurarmos coisas boas em todas as pessoas, nossa vida também muda.

Tony Bennett é um grande exemplo para todos nós. Ele é uma das pessoas mais felizes, admiradas, amadas e estáveis da indústria de entretenimento. Quando Tony sobe ao palco, ele agradece a todos os integrantes de sua banda, elogia os compositores que criaram suas canções, fala de seu amor pelas músicas que o tornaram famoso e, obviamente, agradece à plateia. Não é bajulação. É gratidão, forte e verdadeira. Assista a uma entrevista de Tony – ele é uma máquina de agradecimentos.

Se você demonstrar sua gratidão pelas pessoas, elas farão o mesmo por você. Não é de surpreender que Tony Bennett venha sendo tão bem-sucedido há tanto tempo.

Afirmações positivas

Como você se sentiria ao olhar para o espelho todos os dias e dizer "Eu me amo. Sou uma pessoa confiante e bem-sucedida"?

Afirmações positivas são uma das formas mais eficazes que existem para programar sua mente para ter a vida que você deseja e merece.

Digamos que você esteja solitário e triste. Então você se compromete a fazer um exercício: durante um mês, usar dois minutos toda manhã para se olhar no espelho e repetir: "Eu me amo. Tenho amigos maravilhosos que me adoram e se preocupam comigo. Estou sempre no lugar certo na hora certa. Eu mereço ser feliz."

Nos primeiros dias você provavelmente vai achar isso uma bobeira. Depois de uma semana, vai se sentir mais confortável e, no fim do mês, essa rotina vai lhe parecer natural. O mais importante de tudo: você perceberá as mudanças em sua vida.

Imagino que você esteja pensando: "Será que eu consigo fazer isso? E se alguém me vir?" Não se preocupe com as outras pessoas. O que importa é que esse exercício funciona. Seu subconsciente aceita tudo o que você diz. A forma como você se sente se torna realidade.

Quando você *se sente* sozinho, tudo o que você atrai é mais solidão. Quando *se sente* falido, atrai mais falta de dinheiro. Você precisa quebrar esse círculo vicioso de alguma forma – e isso pode ser feito com frases positivas. À medida que seus sentimentos mudam, o que você atrai muda também.

Outra variação dessa técnica é *escrever* suas afirmações positivas. Levante-se 20 minutos mais cedo e escreva o máximo de páginas que puder sobre como você pretende ser. Por exemplo:

- Sou confiante e feliz
- Sou uma ótima esposa e uma mãe carinhosa
- Tenho 100 mil no banco
- Amo meu trabalho

Há uma declaração simples que você pode usar pelo resto da vida: "Eu me amo." Comprometa-se com isso. Quando estiver por baixo e sem esperança, afirme: "Eu me amo." Quando tentar dar amor a alguém e não conseguir, tente amar a si mesmo antes. Quando sentir culpa e se vir como um idiota que erra sempre, diga a si mesmo: "Eu me amo. Sou imperfeito e isso é perfeito!"

Além disso:

Sempre fale bem de si mesmo

Se não tiver nada de bom para dizer a seu respeito, não diga nada.

Aceite elogios

Sempre diga "obrigado" ou algo que expresse sua gratidão.

Saiba diferenciar seu comportamento de você

Pare de se enxergar como culpado o tempo todo. Seu comportamento não tem relação direta com seu valor pessoal. Cometer uma estupidez não faz de você uma pessoa ruim. Foi apenas um erro. Amar a si mesmo implica se perdoar. Significa admitir que você está levando sua vida da melhor maneira que pode.

E como saber que você está progredindo? Quando consegue dizer: "Eu me amo mesmo que sinta inveja", "Eu me amo mesmo que me enraiveça", "Eu me amo ainda que esteja desesperado". ESQUEÇA A PERFEIÇÃO e BUSQUE O PROGRESSO.

Seja direto se necessário

Quando outras pessoas não o respeitarem, diga a elas como quer ser tratado.

Divirta-se sem sentir culpa

Quando sua vida estiver dando certo, diga a si mesmo: "Eu mereço!" Se a companhia aérea trocar seu assento para a primeira classe, se você receber um aumento, se um amigo o convidar para jantar, diga a si mesmo: "Eu mereço isso e ainda terei mais."

Cuide-se

Faça, vista e coma o que lhe faz bem. Cerque-se de pessoas com alto-astral. Lembre-se de todas as pessoas que lhe deram amor – como seus pais, uma babá ou uma ex-namorada, por exemplo – e tente pensar com frequência nas coisas boas que elas já lhe disseram.

EM POUCAS PALAVRAS

As pessoas tratam você da maneira como você se trata. O mundo trata você da maneira como você se trata.

...E ENTÃO, EM QUE PÉ NOSSO RELACIONAMENTO VAI FICAR?
© ANDREW MATTHEWS

5. Relacionamentos

"Se meu marido me amasse só um pouquinho mais, eu poderia gostar de mim! Talvez pudesse até me amar!"

Se você espera que alguém goste de você antes de você mesmo se amar, isso nunca vai acontecer.

Há pessoas que ficam incomodadas com a ideia de *se amarem*, mas, ao mesmo tempo, esperam que seus parceiros as amem! Não pareceria estranho dizer "*Eu não conseguiria me amar*" e ficar irritado com minha esposa porque ela não me ama? Se você quer que alguém o ame, precisa pelo menos *gostar* de si mesmo!

Quando estamos preocupados com nossos próprios defeitos, é comum procurar por eles nas outras pessoas, na esperança de nos sentirmos melhor. Nós os encontramos, mas isso nunca nos faz bem.

Mas, quando perdoamos nossas falhas, também passamos a relevá-las nos outros.

AS PESSOAS REFLETEM O QUE SOMOS. *A questão sempre somos nós.*

Pelo bem de nossos filhos, precisamos nos aceitar. As crianças seguem nosso exemplo. Se você se enxergar de forma severa demais, elas se verão de forma severa demais e usarão esse mesmo rigor em relação a você!

EM POUCAS PALAVRAS
Quando nos perdoamos, paramos de criticar as outras pessoas.

Ah, se houvesse pessoas melhores na minha vida...

Às vezes olhamos para as nossas vidas e pensamos: "*Se eu não tivesse que conviver com um marido preguiçoso e essas crianças bagunceiras, poderia crescer como pessoa...*" Errado! São eles que nos fazem crescer.

Todas as pessoas em nossas vidas são como professores. Maridos que roncam e deixam as portas do armário abertas, crianças "ingratas", vizinhos que estacionam na sua calçada... Podemos dizer "Eu seria mais feliz se eles agissem direito", mas não dá para acreditar nisso para sempre.

Se sua esposa o irrita, coloque "lidar com a raiva de forma eficaz" no topo da sua lista de prioridades. E o melhor será que a pessoa mais indicada para ajudá-lo a praticar esse exercício estará bem na sua casa. Que sorte!

Talvez você pense que a única forma de resolver seu problema seja o divórcio, mas na verdade o problema só ficará solucionado até que você se case novamente – provavelmente com alguém que o deixará tão irritado quanto agora.

EM POUCAS PALAVRAS
Você tem algo a aprender com todas as pessoas que entram em sua vida. Mesmo que elas o deixem louco, estarão fazendo com que você descubra qual é seu limite. De qualquer forma, você não é obrigado a gostar de todo mundo só porque lhe ensinam algo.

O que importa não é o emprego

Há uma característica comum aos bons médicos: eles gostam das pessoas ainda mais do que da medicina. Isso nos dá uma dica quanto à realização profissional: O QUE IMPORTA NÃO É O EMPREGO! Qualquer que seja o seu trabalho, ele é uma forma de você se ligar a outras pessoas. Estar satisfeito ou não depende de como você lhes serve. Como já dizia Albert Schweitzer, ganhador do Prêmio Nobel da Paz: "Os únicos que serão realmente felizes são os que procurarem e encontrarem um meio de servir."

Falar em "servir" talvez soe como sacrifício ou escravidão. Pois não é. Servir é conhecer a alegria de doar algo que é exclusivamente seu. Servir pode ser ensinar ou cuidar de alguém. Pode ser vender belas flores ou consertar carros com um sorriso no rosto. O que importa não é a sua profissão ou o seu cargo, mas a forma como você os encara.

É comum hoje em dia avaliarmos a carreira de alguém pensando nos diplomas que recebeu, mas isso pode acabar nos fazendo perder de vista o que realmente conta: a ligação entre as pessoas.

Digamos que você seja o técnico de basquete de um time de meninos de 12 anos. Você pode amar basquete, mas quanto antes entender *que não se trata do basquete*, mais cedo poderá realmente fazer algo pelas crianças. Talvez alguém diga: "Mas um técnico de basquete não vai transformar a vida de um garoto de 12 anos!" Errado! Alguns transformam e esses são os que entendem que estão ensinando àquelas crianças a viver – o basquete é só um pretexto.

Muitos professores dizem: "Como é que posso fazer alguma diferença se as crianças não gostam de matemática?" Mas você não precisa que elas gostem! Se você dá aulas para o sexto ano, sua missão não é matemática, são as crianças. Da mesma forma, se você é bancário, sua missão não são relatórios e planilhas, mas as pessoas que você atende.

A história de Cherry

O pior som do mundo para mim é o da tampa metálica de uma garrafa sendo aberta. Para meu marido, isso era o paraíso.

Minha história se encaixa entre essas duas frases.

Kevin era um homem grande e fofo com olhos muito escuros que faziam com que todos se perguntassem onde estavam suas pupilas. Era muito educado, falava pouco e sempre baixo. Tinha um ar misterioso e, quando ele chegava, todo o restante desaparecia para mim. Eu o amava demais. Nós nos casamos em 1970 e Kim, nossa única filha, nasceu em 1973.

Kevin era gentil e carinhoso. Quando eu ficava doente, ele cozinhava e cuidava das roupas. Quando Kim nasceu, era ele quem levantava à noite para cuidar dela. Ele fazia surpresas e me dava presentes atenciosos. Era um homem honesto e respeitoso, que não perdia tempo com besteiras. "Vamos direto ao assunto" era sua frase favorita. Ele tinha um alto cargo no governo e era admirado e respeitado no trabalho.

Eu adorava seu senso de humor. Quando nosso gato morreu e ficamos todos tristes, Kevin soltou esta: "Quando eu morrer, espero que vocês sintam minha falta tanto quanto sentem desse gato."

A bebida se torna um problema

Kevin sempre bebeu mais do que a maioria das pessoas, mas raramente se excedia. No entanto, depois da morte da mãe e de uma reestruturação no trabalho, percebi que ele estava bebendo mais. Sempre que eu me mostrava preocupada, Kevin dizia: "Você está exagerando."

> *"De alguma forma, o homem bom que eu conhecera havia desaparecido."*

Aos poucos, ir a eventos sociais foi se tornando constrangedor. Ele ficava agressivo sempre que alguém fazia um comentário sobre ele estar bebendo demais. Por volta do ano 2000, Kevin estava sempre mal e bebendo cada vez mais. Em alguns fins de semana, ele sacava todo o dinheiro permitido no caixa eletrônico e o gastava em bebidas. Isso acabou se tornando um hábito.

Ele saía para ir ao supermercado e voltava bêbado para casa, sem as compras. Ia para o trabalho e voltava bêbado. Quando eu tentava esconder o cartão do banco, ele me ameaçava. Eu me sentia envergonhada, constrangida, às vezes irritada, mas também muito triste por ver como Kevin havia se transformado. De alguma forma, o homem bom que eu conhecera havia desaparecido.

Em 2000, Kevin se internou em um hospital para participar de um programa de reabilitação. Quando teve alta, 10 dias depois, parecia um novo homem. Pediu desculpas por ter nos magoado tanto. Prometeu mudar. Ele nos disse: "Tenho muita sorte por poder voltar para uma família, por ter uma casa e um emprego ainda esperando por mim."

As coisas melhoraram por algum tempo. Em junho de 2001, Kevin descobriu que tinha uma forma de câncer chamada linfoma de Hodgkin e começou o tratamento. Apesar de seu corpo estar fragilizado, ele superou todas as expectativas e conseguiu vencer a doença. Kevin jurou ter aprendido a lição. Mas, assim que ficou bem, voltou a beber. Ele prometia parar. Eu vivia dessa esperança. Parecia que estava casada com um desconhecido. Ele ainda tinha o mesmo rosto, às vezes parecia ser ele mesmo, mas havia se transformado em outra pessoa, em quem eu não podia confiar. Ele agora mentia e me ameaçava. Passou por outros programas de reabilitação em 2003, 2004 e 2006. Eu tentei deixá-lo e tentei voltar ao que éramos, mas, à medida que o vício o dominava, ele se tornava mais agressivo. Ele era tão grande que eu temia pela minha segurança.

Eu ficava horas a fio tendo conversas conflituosas comigo mesma. Cheguei a pensar que estivesse ficando louca: "Será que estou exagerando? Não, não estou. É ruim assim mesmo! Mas eu sei que ele pode ser um cara muito legal. Se eu ficar quieta e continuar procurando ajuda para ele, talvez as coisas mudem."

O que aconteceu com o homem que eu amava?

Às vezes estamos cercados de provas, mas continuamos a negar o óbvio... até que algo acontece e percebemos que realmente não há mais esperanças.

A gota d'água foi quando Sam, nossa neta mais nova, veio passar o dia conosco. Kevin era louco por Sam. Eles passaram a manhã no quintal plantando verduras e, quando entraram para almoçar, percebi que ele havia bebido. Mais tarde, Kevin disse que precisava comprar cigarros, saiu de casa e voltou ainda mais bêbado. Naquela noite encontrei duas garrafas de vodca no carro – uma embaixo do banco do motorista e outra escondida no estepe. Foi quando me dei conta: "Se ele não consegue ficar um dia sem beber pela neta que ele ama, não vai parar por ninguém."

Uma vez ouvi dizer que alcoólatras são como vampiros psicológicos. E é verdade. Eles sugam sua energia, sua felicidade e seu saldo bancário. Dia após dia, o estresse de não saber o que pode acontecer vai minando sua vitalidade. Os livros me diziam que meu marido estava doente e eu sabia que aquilo estava me deixando doente também.

Mesmo que você ame alguém com todas as suas forças, não deve tolerar agressões. Ninguém merece ser agredido por amigos ou familiares – e certamente não por seu parceiro. No último fim de semana de janeiro de 2005, Kevin estava andando pela casa em um estupor bêbado e nervoso quando gritou para mim: "Saia daqui. Eu quero fazer o que quiser, quando quiser. Vá embora!"

Arrumei minhas coisas em caixas de papelão, joguei todas as minhas roupas no banco de trás do carro e comecei a dirigir. Nunca mais voltei.

É estranho sair da casa que foi seu lar por 30 anos. Foi como se eu estivesse entorpecida, como se meu chão houvesse desabado. Nunca imaginei que isso pudesse acontecer. Mas, no fim, foi um grande alívio. Eu não ficava mais apavorada na hora de dormir e não temia mais por minha segurança. Foi como se um peso enorme saísse de meus ombros e eu pudesse respirar novamente. Aos poucos, as coisas melhoraram.

Ajudar os outros

É normal querer ajudar as pessoas, cuidar de alguém doente, fazer o que é esperado de nós – mas por quanto tempo? E se a pessoa não quiser nossa ajuda?

A princípio pensei que Kevin precisasse de mim a seu lado, que talvez ele morresse se eu não estivesse por perto e que seria minha culpa. Mas cada um escolhe a forma como quer viver ou morrer e não podemos nos responsabilizar pela opção dos outros. Se beber duas garrafas de vodca por dia levasse meu marido à morte, seria escolha dele, responsabilidade dele e a vida dele.

> *"Tudo o que eu tentei para ajudar ou mudar meu marido não adiantou de nada."*

Tudo o que eu tentei para ajudar ou mudar meu marido não adiantou de nada. Deixá-lo foi traumatizante e assustador. Mas ficar com ele parecia ainda pior.

As coisas logo ficaram realmente ruins para Kevin. Ele foi preso por dirigir embriagado, perdeu o emprego, caiu da escada e bateu a cabeça, precisou ser internado e vender a casa para saldar as dívidas. Ele se sentia deprimido, derrotado, vazio, sem dignidade. Foi muito triste assistir a sua autodestruição.

Por volta de 2007, os problemas de saúde de Kevin se agravaram. Ele começou a sentir fortes dores nas pernas, não conseguia andar, dormia pouco e sua memória ficou seriamente prejudicada. Ele morreu tranquilo em 28 de outubro de 2007, enquanto dormia. Ainda me sinto magoada em pensar que ele preferiu o álcool à família que o respeitava e amava – e que o ama até hoje.

O que as outras pessoas pensam

Por alguma razão desconhecida, achamos que devemos apresentar uma imagem perfeita para o mundo – para todos os "outros" que existem. Pensamos que há sempre alguém nos observando e nos julgando. Hoje, analisando tudo o que vivi, realmente não sei quem seriam esses "outros" e, mesmo que soubesse, será que essas pessoas se importam de verdade?

O mundo não para e fica falando da nossa vida. As pessoas já têm problemas suficientes. É provável que elas gastem alguns segundos para dizer: "Meu Deus, quem diria!", mas logo voltarão a questões que lhes interessam mais, como, por exemplo, o que tem para o jantar. Nossos problemas não são importantes para as outras pessoas.

Ainda gosto e sinto falta do homem que Kevin foi – mas não do homem que ele se tornou. Atualmente moro perto de minhas duas netas, meu genro e minha filha, em um anexo no quintal deles. Serei eternamente grata a Kim e seu marido. Já vivi em meio à tristeza e ao desespero, mas hoje vivo em um ambiente sem preocupações, cheio de amor, alegria e otimismo. Trabalho em meio período e escrevi uma série de livros sobre patchwork. Recentemente publiquei um livro sobre minha vida com Kevin na esperança de ajudar pessoas que convivem com parceiros alcoólatras. Superei tempos difíceis.

Quem somos nós para julgar?

Muitas vezes pensamos saber o que é melhor para as outras pessoas – mas elas acabam escolhendo um caminho diferente.

Se uma pessoa não pediu seu conselho, é porque não o quer. Se pediu e o ignorou, não o queria de fato.

Quando as pessoas se divorciam

Karen e Ken namoraram por três anos e foram casados durante 10. Eles viajaram pelo mundo, curtiram jantares com

amigos e com a família, tiveram dois filhos lindos. Em resumo, divertiram-se bastante.

Depois de 13 anos juntos, eles se separaram. Agora, quando fala do ex-marido, tudo o que Karen diz é: "Ele era ruim de cama!"

E os bons tempos? Quando duas pessoas se apaixonam, se casam e constroem uma vida juntas, é impossível que não tenham nenhum momento bom. Lembre-se dos bons momentos e fale deles.

Culpa e perdão

"Culpar é perda de tempo. Você pode conseguir fazer com que o outro se sinta mal, mas não conseguirá mudar o que o está deixando infeliz." – Dr. Wayne Dyer

Em algum momento, a maioria de nós já ouviu falar da importância do perdão. Aprendemos que ele é "sagrado" ou leva ao "crescimento espiritual". Mas há uma razão ainda mais essencial para perdoar as pessoas: *não* perdoá-las destrói sua vida!

Digamos que:

a) Você seja meu chefe e me demita ou

b) Você seja minha namorada e fuja com meu amigo

Então eu digo: "Nunca vou perdoar você!"

Quem vai sofrer com isso? Você é que não! Eu passo o dia andando de um lado para o outro e sentindo um bolo no estômago. Perco o sono e fico com todo esse veneno intoxicando meu corpo. Você provavelmente está em algum lugar feliz da vida. De onde tiramos a ideia de que, se NÓS não perdoarmos as pessoas, ELAS sofrerão? Isso não faz o menor sentido!

Estudos confirmam que hostilidade e ressentimento destroem nosso sistema imunológico e dobram os riscos de ataque cardíaco, câncer e até mesmo diabetes. A mágoa nos deixa doentes.

Você não precisa concordar com o que uma pessoa fez para poder perdoá-la, só precisa querer tocar sua vida adiante.

O que acontece é o seguinte: criamos regras em nossa cabeça a respeito de como as pessoas devem agir. Quando elas quebram essas regras, ficamos magoados. Mas se ressentir de alguém por ignorar as *suas* regras é um absurdo. Da próxima vez que ficar ressentido com uma pessoa, feche os olhos e preste atenção às suas sensações. Perceba as reações de seu corpo. Você verá que culpar as pessoas o torna infeliz.

As pessoas agem de acordo com suas próprias regras. Para elas, não faz diferença se você as culpa ou não – mas isso faz diferença para você, porque *destrói sua vida*. As coisas são do jeito que são. Se vier uma chuva forte e alagar sua casa, você vai dizer "Nunca perdoarei esse tempo!"? Se um passarinho fizer cocô na sua cabeça, você vai ficar magoado? Então, por que nos ressentimos das outras pessoas? Não cabe a nós controlar ninguém, da mesma forma que não nos cabe controlar o clima ou os pássaros. O Universo não funciona à base de culpa.

Por falar em perdão, o primeiro passo para tornar sua vida melhor é perdoar seus pais. Claro que eles não foram perfeitos. Mas, além de criar você, eles tinham muitas outras coisas com que se preocupar. O que quer que tenham feito de errado, deixe para trás.

Algumas pessoas nunca perdoam os pais e acabam virando a própria vida de cabeça para baixo só para provar que eles fizeram um péssimo trabalho. A mensagem que tentam transmitir com isso é: "A culpa é sua por eu não ter dinheiro e ser sozinho e infeliz. Agora você pode assistir de camarote ao meu sofrimento!" Cada dia em que você se recusa a perdoar sua mãe é um passo a mais para destruir sua vida.

EM POUCAS PALAVRAS
O perdão é um presente dado a si mesmo.

Devo perdoar se alguém fizer algo terrível?

Contei esta história em *Siga seu coração*, mas vale a pena repeti-la. Tenho um amigo chamado Sandy McGregor. Em janeiro de 1987, um jovem armado com uma espingarda invadiu a casa de Sandy e matou suas três filhas adolescentes. A tragédia fez com que Sandy mergulhasse num inferno de raiva e dor. É difícil até imaginar o que ele passou.

Com o tempo e a ajuda dos amigos, Sandy decidiu que sua única chance de continuar vivendo seria se livrando da raiva e de alguma forma perdoando o criminoso. Ele diz que isso foi algo que fez para seu próprio bem. Hoje meu amigo dedica sua vida a ajudar outras pessoas a perdoar e alcançar a paz de espírito. Sua experiência é a prova de que é possível se livrar das mágoas, mesmo nas piores circunstâncias.

Em minha opinião, as pessoas que passaram por situações como a de Sandy podem ser divididas em dois grupos. O primeiro é o dos que se mantêm prisioneiros da própria raiva e mágoa. O segundo é o dos que alcançam um nível extraordinário de compaixão para com o próximo e compreensão a respeito da vida.

Os eventos que transformam nossas vidas costumam ser os que não escolheríamos. Como dizem, nunca queremos passar pelo que precisamos para nos tornar o que queremos. Tristeza, doença, solidão, desespero... cada um de nós recebe sua cota disso. Toda perda leva a um processo de luto. Mas, no fim das contas, a questão é se a experiência deixa você mais forte ou o enfraquece.

Para aqueles que são menos desafiados que Sandy, fica uma pergunta: "Você quer que sua vida dê certo ou não?"

Nunca vou me perdoar!

Se perdoar as outras pessoas é difícil, perdoar a si mesmo é ainda mais complicado. Há quem passe a vida inteira se punindo mental ou fisicamente pelo que acredita que são suas falhas. Exageram na comida ou não comem o suficiente, bebem até cair, vivem na miséria ou sistematicamente destroem todos os seus relacionamentos. A origem desse sofrimento pode ser o fato de essas pessoas acreditarem que fizeram muitas coisas ruins, que são culpadas de algo ou não merecem ser saudáveis e felizes.

Se você está se sentindo culpado, significa que já se cobrou demais. Para que prolongar esse processo? Ajudaria em alguma coisa se você continuasse a se sentir assim por mais um ano ou dois?

Doar

Quantas vezes as pessoas *dão* alguma coisa e depois ficam irritadas? Fred diz: "Dei um carro ao meu filho e o que ele faz por mim?" É isso que você chama de presente, Fred?

Se você está querendo algo em troca, não se trata de um presente, mas de um *contrato*. Quando esperar uma contrapartida, deixe-a clara. Diga a seu filho: "Estou lhe dando esse carro, mas quero que me telefone uma vez por semana, almoce comigo uma vez por mês e que me agradeça pelo menos uma vez por ano. Do contrário, ficarei muito magoado."

Talvez você diga: "Espere aí! Quando você dá alguma coisa a alguém, a pessoa *deve* ficar agradecida!" Você pode até pensar assim, mas isso não o ajudará a ser feliz!

Meu exemplo é meu amigo Frank. Ele é um homem generoso. Quando a família tem algum problema, ele ajuda. Uma vez seu irmão, Carlos, perdeu todo o dinheiro em um cassino e ficou endividado. Frank pegou um empréstimo e deu o dinheiro a Carlos para que pagasse suas dívidas. Perguntei a Frank: "Como você se sentiu pegando 200 mil no banco para emprestar ao seu irmão?" Frank respondeu: "Prefiro estar na *minha posição*, pegando um empréstimo, do que na posição *dele*, precisando do dinheiro."

EM POUCAS PALAVRAS
A alegria de doar está no momento da doação. Se você quer ser feliz, existe apenas uma maneira de dar: não esperando nada em troca.

Gratidão aos pais

Desde o dia em que você nasce, seus pais estão lá para ajudar, alimentando-o, vestindo-o, comprando brinquedos, dando mesada e sendo seus fiadores. Às vezes isso se torna uma via de mão única. Os pais passam a vida inteira dando coisas aos filhos, enquanto eles pensam: "Não é mais do que obrigação."

A maioria dos filhos não faz ideia do que os pais fizeram por eles – e isso me inclui. Meus pais faleceram há 20 anos e desde então tive tempo para pensar bastante no que eles fizeram por mim. Se estivessem aqui agora, eu lhes diria quanto sou grato. Faria as coisas de outra forma. Infelizmente, sou como a maior parte dos filhos, que não tem ideia de nada, até perder os pais.

Muitos pais reclamam pela falta de consideração com que são tratados. NÃO é exagero da parte deles. Parece que é assim que o mundo vem funcionando. A maior parte dos filhos nunca paga sua dívida com seus próprios pais. Eles retribuem seus esforços oferecendo o que puderem à próxima geração.

EM POUCAS PALAVRAS
Se você quiser ser feliz, não espere que seus filhos demonstrem gratidão. Se seus filhos forem extremamente gratos, saibam que eles são exceção. Você foi abençoado.

Quando o dinheiro traz infelicidade

Um vizinho veio visitar Julie. Ele disse: "Você publicaria meu livro? É sobre meu pai e o que ele fez."

Julie perguntou: "Ele foi um grande homem?"

"Não, um desgraçado. Não me deixou nada quando morreu. A fazenda ficou para o meu irmão." Bem, Julie não publicou o livro.

Uma história parecida: Dick tinha um filho e duas filhas e todos se davam muito bem. Em seu testamento, Dick deixou *cerca de* um terço de seus bens para cada filho, mas deixou um pouco mais para a filha solteira do que para os dois filhos casados. Foi quando a briga começou. Os irmãos não se falam há seis anos. Se Dick estivesse vivo, os filhos se falariam. Se Dick tivesse deixado tudo para uma instituição de caridade, os filhos se falariam. Mas, porque a divisão não foi *exatamente* igual, a família se desfez.

Famílias felizes são destruídas por causa de disputas de bens. As pessoas passam anos brigando na justiça e morrem ainda aborrecidas umas com as outras – o que só cria mais problemas.

De onde tiramos a ideia de que temos direitos sobre o dinheiro de outras pessoas – mesmo que sejam nossos pais?

EM POUCAS PALAVRAS

Você quer ser feliz? Diga agora: "Ninguém me deve nada. O que quer que decidam me dar, será lucro para mim."

Lição 1
dívidas para iniciantes
Lição 2
Dívidas preocupantes
Lição 3
pobreza I e II
Lição 4
Dívidas Pesadas
lição 5
pobreza (Ph.D.)
ANDREW MATTHEWS

6. Dinheiro

Perdi tudo!

Um homem telefonou para o Dr. Robert Schuller, o famoso pastor, e reclamou: "Acabou. É o meu fim. Todo o meu dinheiro se foi. Perdi tudo."

O Dr. Schuller perguntou: "Você ainda tem sua visão?"

O homem respondeu: "Sim, ainda vejo."

Schuller perguntou: "Você ainda consegue andar?"

"Consigo, consigo sim."

"Obviamente você também pode ouvir, ou não estaríamos conversando por telefone."

"É, ainda ouço", respondeu o homem.

"Então", continuou Schuller, "você continua tendo praticamente tudo. Só o que perdeu foi o dinheiro."

Você provavelmente concorda com o argumento do Dr. Schuller – dinheiro não é tudo. E provavelmente você também se identifica com o homem que perdeu o dinheiro!

Podemos separar as pessoas em dois grupos principais: as que têm dinheiro e dizem que ele não importa e as que não têm dinheiro e dizem que ele é muito importante. Há ainda outro grupo, o das que fingem que dinheiro não é importante – mas nunca pagam um cafezinho sequer para ninguém.

Vemos reportagens mostrando crianças descalças em países pobres e dizemos: "Eles não têm nada, mas parecem tão felizes!" Eles podem ser felizes, mas isso não é razão para que você queira ser pobre! Se você sempre viveu na Somália, nunca ouviu falar em laptops, jamais teve um livro ou soube o que era assistência médica de qualidade, é mais fácil contentar-se com pouco. Principalmente se você for criança – para os pais é sempre mais difícil.

Os estudos sobre a relação entre dinheiro e felicidade feitos em países em desenvolvimento demonstram que, entre as pessoas que recebem muito menos que o necessário para os gastos básicos com comida, roupas e moradia, o nível de felicidade é diretamente proporcional à sua renda. Ou seja, quanto mais perto de terem dinheiro para a sobrevivência mínima, mais felizes elas são. Já entre as pessoas que têm rendimentos acima desse patamar, os níveis de felicidade não acompanham o crescimento da renda.

Em outras palavras, uma vez que conseguimos suprir nossas necessidades básicas, ter o dobro de dinheiro não significa que teremos o dobro de felicidade. Isso explica por que Warren Buffett parece bastante feliz – mas provavelmente não 62 bilhões de vezes mais feliz que você ou eu.

Então o dinheiro é importante? Não se você quiser morar em uma caverna.

Mas se você deseja viver no século XXI, vai precisar de dinheiro. É ele que permite que você tenha opções. Você pode comprar sapatos bons para seus filhos. Pode consertar o freio do carro. Pode escolher um tratamento dentário que deixará seu sorriso perfeito. Quando sua mãe, que mora em outro estado, ficar doente, você pode pegar um avião e ir visitá-la. Ter dinheiro pode até salvar a vida de alguém – talvez a sua. Dinheiro tem utilidade.

É lógico que dinheiro não impede a tristeza e que há problemas de saúde que mesmo os milionários não conseguem superar. Mas isso não é razão para você não ter dinheiro. Quando você tem o suficiente, pode se concentrar em coisas mais importantes. Oscar Wilde disse: "As únicas pessoas que pensam mais em dinheiro do que os ricos são os pobres."

Ganhar dinheiro é bom

A melhor coisa que você pode fazer pelos pobres é não ser um deles!

Algumas pessoas não se sentem confortáveis tendo dinheiro. É sério! Então vamos direto ao ponto: ter muito dinheiro não é problema algum. Assim você pode de fato ajudar os pobres. E também pode se ajudar.

A maioria de nós já ficou sem dinheiro em algum momento. Eu fiquei. Sei o que é estar dirigindo seu carro velho e de repente ouvir um barulho diferente. Aí você diz a si mesmo: "Se o conserto custar mais de 50 reais, vou ter que vender o carro."

É melhor ter dinheiro do que não ter. Se você vai a um restaurante, é melhor poder comer algo que você realmente queira do que ser obrigado a pedir o prato mais barato do cardápio. É melhor pegar o voo direto do que fazer três conexões.

Quantos de nós não crescemos acreditando que acumular riqueza significa tirar das outras pessoas? Ou que toda pessoa de sucesso causou sofrimento aos outros? Essas ideias não têm o menor fundamento.

Se alguém lhe desse 1 milhão de presente, você deixaria o dinheiro intocado? Acho que não! Você gastaria parte dele nos restaurantes de sua cidade, um pouco na concessionária de carros, além de cinemas, supermercados, agências de viagem, impostos e lojas virtuais. Todas as pessoas à sua volta acabariam recebendo seu dinheiro, direta ou indiretamente.

Mesmo assim, muitos de nós crescemos acreditando que ter dinheiro não é bom, que isso significa tirar de outras pessoas. Mas o fato de você ter dinheiro não significa que fará mal a ninguém. Pelo contrário, você poderá ajudar os outros.

EM POUCAS PALAVRAS
A maioria das pessoas fica mais constrangida com dinheiro do que com sexo.

Ficar feliz com o sucesso dos outros

George mora em uma casa linda com vista para o mar. Tem um Mercedes conversível, uma BMW, um Lamborghini e um jet ski. Também possui uma casa de campo, outros imóveis e um iate. George trabalha três vezes por semana e viaja para o exterior todo ano.

E é mais do que infeliz.

Todos os dados acima são verdadeiros, exceto um: George na verdade é muito feliz! Eu menti! Por que enganei você?

**"O dinheiro em si não traz felicidade.
A felicidade está em ter mais do que as outras pessoas."**

Para que você pudesse observar sua reação, que pode ter sido uma das seguintes:

- Aposto que ele é feliz!
- Aposto que ele é infeliz!
- Espero que ele seja infeliz!

Tudo bem, mas aonde quero chegar com isso? Quero que você entenda que, para ser rico, precisa ficar feliz com o fato de as outras pessoas serem ricas. Se seu primeiro pensamento foi "Espero que ele seja infeliz", é bastante provável que você continue pobre. Se você não gosta de gente rica ou acha que todos os ricos são idiotas, seu inconsciente nunca permitirá que você seja rico porque, afinal, isso o tornaria um idiota.

Imagine que você conheceu alguém em uma festa e a pessoa disse ao acaso: "Minha esposa e eu acabamos de chegar de Paris em nosso jatinho. Fomos comprar algumas joias." Qual teria sido seu primeiro pensamento? Seria "Esse cara tem muito dinheiro. Que ótimo para ele!" ou "Aposto que esse idiota é traficante!"?

As revistas de fofoca adoram histórias de pessoas ricas que são infelizes. "A atriz X ganhou 20 milhões no ano passado mas não consegue encontrar o amor", "O cantor Y está em quinto lugar na lista dos ricos da *Forbes*, mas está morrendo de dinheirite crônica."

Se cada pessoa rica que você já conheceu fosse infeliz, a conclusão óbvia seria que dinheiro e felicidade não andam juntos. Se seu subconsciente aceitar isso como verdade, você jamais terá dinheiro. Inconscientemente, você fará de tudo para ser pobre, já que ser rico significa ser infeliz.

A verdade é que algumas pessoas muito ricas têm relacionamentos saudáveis e são muito felizes. Para ser bem-sucedido e feliz, você precisa se sentir feliz com a felicidade delas.

Quando alguém escolhe não ter dinheiro

Agora o mais interessante: algumas pessoas preferem não ter dinheiro. Juro que isso existe! Talvez você pense: "E por que alguém ia querer não ter dinheiro?" Bem, por diversas razões. Por exemplo:

Se eu cresci acreditando que, quanto mais humilde eu for, mais Deus vai me amar, como me sentiria sendo rico? Com muito medo! Eu não ia querer que Deus achasse que sou ganancioso. Acreditar que "Deus ama os pobres" faz com que muitas pessoas não tenham dinheiro.

E se todos os meus amigos forem pobres? Eu gostaria de ser rico? Talvez não. Alguns amigos podem começar a me tratar de forma diferente. Outros talvez fiquem incomodados com meu novo estilo de vida. Se for para não perder meus amigos, posso decidir que é melhor continuar pobre.

E se as pessoas demonstrarem preocupação comigo porque sou pobre? E se essa preocupação for a única forma de atenção que recebo? O que aconteceria se eu de repente me tornasse alguém bem-sucedido? Talvez ser pobre seja mais confortável.

E se eu simplesmente não quiser mudar minha forma de pensar, meus hábitos econômicos ou minha rotina no trabalho? Tenho o direito de achar que "ser pobre é mais fácil".

E se o dinheiro só provocasse brigas? Por exemplo: as principais lembranças de infância da Anne são seus pais brigando por causa de dinheiro. Por isso ela concluiu ainda jovem que dinheiro traz sofrimento e que a única forma de ser feliz é evitando-o. Ela escolheu uma carreira em que nunca precisará falar de dinheiro ou vender qualquer coisa. Nunca investiu nada e preferiria andar sobre brasas a pechinchar na compra de um carro ou de uma bolsa.

EM POUCAS PALAVRAS
Por mais estranho que possa parecer, algumas pessoas optam pela pobreza. Não é uma escolha consciente, mas um reflexo de todas as decisões importantes que elas tomam e acabam afetando suas vidas financeiras. Se você quer ser bem-sucedido, precisa se livrar das ideias subconscientes que o mantêm na pobreza.

Nossos pensamentos podem ser uma armadilha

Vejamos o exemplo de Fred. Há um pouco da história dele na de cada um de nós. A família de Fred sempre teve pouco dinheiro. Seu pai lhe dizia: "A vida é difícil. Os ricos são uns bandidos!" Logo, o que Fred aprendeu? Que a vida é difícil.

Imagine agora que Fred conheça algumas pessoas que têm dinheiro e que se sinta desconfortável perto delas. Os amigos de Fred não têm dinheiro e a maior parte deles culpa o chefe ou o governo por isso. Fred gosta de encontrar os amigos para falar sobre como a vida é difícil. Ele se sente bem estando ao lado de pessoas que concordam que a vida é injusta.

Por acreditar que a vida não é fácil, Fred só se candidata a empregos ruins com salários baixos – para ele, isso é

"Só para que você saiba: dinheiro não traz felicidade."

o normal. Um dia, enquanto olha a seção de empregos no jornal, Fred vê uma vaga para o escritório do outro lado da rua: "horário flexível, oportunidade de viagens, carro da empresa, salário compatível com o cargo".

O que o Fred pensa? "Nenhum emprego é assim tão bom. Deve haver alguma desvantagem das grandes que estão escondendo." Então ele continua a procurar.

De repente vê outro anúncio, dessa vez para um escritório que fica do outro lado da cidade. Sem carro, jornada longa, salário baixo. "É melhor eu dar uma olhada nesse!" Ele vai à entrevista e seu futuro chefe diz: "Nossos produtos têm causado certa rejeição e temos alguns processos movidos por clientes que se sentiram lesados. Nossa equipe não tem um reajuste salarial significativo há três anos. Por isso precisamos de alguém muito bem preparado."

E Fred responde: "Quando posso começar?"

Fred trabalha lá por 20 anos. Agora ele não apenas sabe que a vida é difícil como tem provas disso! Há uma mensagem incessante em sua mente que lhe diz: "Você está sempre sem dinheiro." Por isso, toda vez que consegue algum dinheiro extra, ele o gasta. Sempre que tem um monte de cédulas na carteira, seu subconsciente diz: "Que coisa estranha essa carteira estar tão cheia! É melhor comprar alguma coisa!" Aí ele compra uma TV maior, faz uma extravagância no fim de semana e, em pouco tempo, está de volta ao que era antes – sem dinheiro! Então ele pode relaxar, pois tudo voltou ao normal.

Muita gente é como Fred: conta com não ter dinheiro. E é esse o resultado que alcança. Na verdade, é isso o que cria. Ele tem uma lista de justificativas para sua situação. Fred diz:

- "Nunca tive dinheiro porque não recebi uma boa educação." Ele se esquece de que muitos professores universitários não têm dinheiro e que outras pessoas, que sequer terminaram o ensino fundamental, são milionárias.
- "No meu emprego, ninguém fica rico." Ele se esquece de que várias pessoas arranjam bicos ou um hobby para conseguir dinheiro extra. Outros mudam de emprego.
- "Não tenho tempo suficiente para ficar rico." Mas o dia de todas as pessoas tem 24 horas.
- "Quero ser bem-sucedido, mas não quero me matar de trabalhar." Milhões de pessoas enfrentam longas jornadas de trabalho e continuam pobres. Outras seguem uma carga horária razoável e ficam ricas.

Trabalhar duro é uma das formas possíveis de se enriquecer, não uma garantia de prosperidade. Se você trabalha 10 horas por dia depenando galinhas, trabalhar mais provavelmente não o fará subir na vida. Para isso, em algum momento você precisará mudar de estratégia.

Mas se você propuser a Fred que ele "desacredite" nas ideias que aceitou por 40 anos, ele provavelmente ficará revoltado. Ele pode pensar: "Sofri por todo esse tempo. Agora você quer que eu acredite que minha vida poderia ter sido diferente e que ajudei a criar essa situação?"

Fred não é uma exceção, ele é a regra. Se você quer ter uma vida diferente da dele, precisa ser a exceção. Suas crenças são como um mapa. Nós nos guiamos por elas para saber onde é possível chegar e que lugares nunca alcançaremos. Só visitamos os lugares que estão em nosso mapa.

As outras pessoas têm mapas diferentes, portanto vão para outros lugares. Mas as pessoas pobres muitas vezes acreditam que seu mapa seja o único que existe.

Se você deseja ir a lugares diferentes, precisa de um mapa novo.

EM POUCAS PALAVRAS
Ficamos muito presos a nossas crenças. Muitas vezes preferimos estar certos a estar felizes – ou mesmo estar certos a ficar ricos.

A história de Alfred

Durante toda a minha infância, em Innsbruck, na Áustria, ouvi meus professores dizerem que quem fracassava em absolutamente tudo acabava se tornando gari. Meu pai era gari. Eu tinha vergonha dele. Ele mesmo também tinha – e bebia para esconder o constrangimento. Não era um alcoólatra agressivo, era mais do tipo calado que nunca teve nada.

Fui uma criança cercada pelo fracasso – principalmente o meu. Não chegava a repetir de série na escola, mas todo ano minhas notas eram apenas o mínimo necessário para a aprovação. Esse provavelmente era meu maior feito.

Eu vivia com medo e vergonha. Aos 15 anos, uma professora conseguiu um emprego para mim no setor de expedição de um banco. Eu me sentia um peixe fora d'água em meio àqueles homens de terno. Quando via alguém no corredor, me escondia atrás do armário. Meu chefe me mandava até o correio, que ficava quase ao lado do banco, e eu demorava cinco horas nessa tarefa que qualquer um faria em 10 minutos. Eu não estava sendo relapso – só ficava apavorado demais em ter que lidar com as pessoas do banco, então evitava voltar para o trabalho.

Depois de cinco meses levando cinco horas para voltar do correio, fui demitido.

Meus amigos mais íntimos morreram jovens ou foram parar na cadeia. Lembro-me de quando Peter Fleischmann foi preso por assaltar um posto de gasolina. Ele não só admitiu o crime no julgamento como quis se gabar da forma como havia entrado no local. Ele disse ao juiz: "Sou um criminoso de classe. De forma alguma me espremeria pela janela do banheiro."

Aos 17 anos, consegui um emprego como aprendiz de pintor de placas. Eu amava aquele trabalho e era bom nele – quase um artista, que era meu sonho mais ambicioso. Parecia o emprego perfeito. Por três anos consecutivos, fui considerado o melhor aprendiz do país. Esse poderia ter sido o início de uma vida melhor, mas quase foi meu fim.

Passando fome

Eu queria desesperadamente ser alguém – não apenas um empregado, mas um empresário. Assim, abri meu próprio negócio de pintura de placas. Eu não tinha muitas encomendas, mas tinha minha própria receita "infalível" para o sucesso: se você estiver sem clientes, atraia-os contratando mais pessoas! Conforme meu negócio piorava, eu aumentava a equipe. Em pouco tenho, tinha quatro funcionários. Fico impressionado ao ver como pude ser tão burro.

> *"Quando encontrava um pão esquecido no fundo de um armário, retirava os pedaços esverdeados e o mergulhava em um copo com água para conseguir mastigá-lo."*

Eu dormia a manhã inteira e deixava meus quatro funcionários na oficina, sem nada para fazer. Ficava semanas sem dinheiro para comprar sequer uma batata. Passei fome. Lembro-me de vasculhar meu apartamento desesperado à procura de algo para comer. Quando encontrava um pão esquecido no fundo de um armário, retirava os pedaços esverdeados e o mergulhava em um copo com água para conseguir mastigá-lo. Às vezes até as partes mofadas eu comia. Fiquei doente de tanto estresse.

De alguma forma, minha "empresa" sobreviveu por cinco anos. No fim, eu estava apavorado e traumatizado e não havia feito qualquer progresso. Fui internado com sintomas que sugeriam um ataque cardíaco. Na verdade, eu estava tendo um colapso nervoso. Passei dois meses no hospital e, quando recebi alta, já estava oficialmente falido.

Eu havia feito muito pouco durante cinco anos e, nos dois que se seguiram, não fiz absolutamente nada. Eu me sentia inútil. Tudo parecia perdido e eu continuava sem dinheiro. Então achei que seria uma boa hora para sair do país. Descobri que a demanda por pintores de placas era grande na Austrália e decidi me mudar para lá. Alguém precisava de mim!

Quando deixei a Europa, tomei duas decisões importantes. Decidi nunca mais:

- gastar dinheiro que não tenho
- fingir ser quem não sou.

Às vezes temos a sorte de encontrar pessoas que mudam nosso destino. Na Austrália, aos 32 anos, conheci Peter Matthews. Ele se tornou meu melhor amigo e o pai que nunca tive. Peter pintava paisagens e era bem-sucedido. Pela primeira vez, vi que era possível viver daquilo com o que se sonha. Não foi Peter quem me ensinou a pintar, mas ele foi o responsável por me fazer pensar como um artista profissional. Ele acreditou em mim e, com seu exemplo, me ensinou a ser uma pessoa melhor. Foi um verdadeiro mentor para mim.

Cerca de um ano depois de chegar à Austrália, eu estava vendendo minhas próprias pinturas. Comecei a ensinar arte e ganhei diversos prêmios com meu trabalho. Eu estava no caminho certo.

Então consegui comprar uma casa. Era a pior da rua – talvez a pior de todo o país –, mas isso fez com que me sentisse nas nuvens. Levei um ano reformando-a até que ela ficasse habitável. Pela primeira vez na vida, eu tinha alguma coisa.

Nos últimos 30 anos, tenho vivido da pintura. Olho para meu passado e mal acredito que tenha conseguido sobreviver – quanto mais prosperar!

Em minha infância pobre, eu sonhava ser um artista e passear em iates. Passei fome, fui à falência e quase morri, mas me tornei um artista. Hoje, quando não estou pintando, passeio pelo mar em meu iate. Não importa quão fundo seja o buraco em que você esteja, sempre há esperança.

Apego ao dinheiro

"Nunca tenha medo de não ter nada." *– Abel Damoussi, empreendedor*

Há uma tênue linha entre "ter um objetivo" e "ficar desesperado". As pessoas bem-sucedidas têm a riqueza como objetivo, mas não se desesperam com isso. Quando você entra em desespero, afasta o que quer que esteja procurando – seja um namorado, uma oportunidade ou dinheiro.

Quanto mais você reage a algo emocionalmente, menos controle tem sobre a situação. A maioria das pessoas é muito passional quando se trata de dinheiro – por isso perde o controle sobre ele e nunca o tem. De certa forma, precisamos conseguir viver sem algo para poder tê-lo. Quando somos capazes de viver sem, ficamos numa posição de poder.

Todo negociador experiente sabe que o segredo para fechar um bom acordo é não se envolver emocionalmente na negociação. Muitas das pessoas mais ricas do mundo só começaram a ganhar rios de dinheiro quando pararam de trabalhar pensando nisso. Em outras palavras, elas encontraram algo que amavam fazer e seu foco passou a ser prestar o melhor

serviço possível. Assim, a riqueza a[illegible]
Essas pessoas ganham dinheiro porqu[illegible]
em ganhá-lo, mas em ser boas naquilo qu[illegible]

Às vezes olhamos para alguém bem-suced[illegible] "Que ganancioso! Tem 10 milhões no banco e [illegible] balhando!" Ora, ele continua porque gosta de de[illegible] [illegible]is do que de dinheiro. Foi por isso que enriqueceu! O d[illegible]pego é a principal razão pela qual os ricos ficam cada vez mais ricos. Eles não se desesperam pensando em ganhar dinheiro.

Se você quer melhorar de vida, precisa estar calmo o suficiente para saber como vai conseguir isso. Quando estiver numa situação financeira confortável, precisa se sentir seguro para mantê-la – sabendo que ela ainda pode melhorar. Há uma grande diferença entre a atitude de uma pessoa pobre – desejar ter dinheiro – e a atitude de uma pessoa rica – acreditar que vai ganhar dinheiro.

Não importa se você está se candidatando a um emprego, fechando um grande negócio ou vendendo sua moto, desapegue-se. Coloque toda a sua energia no que estiver fazendo e, ao mesmo tempo, diga a si mesmo: "Posso viver sem isso."

Conheço um homem que vendia jeans por atacado. Sempre que tinha uma reunião que poderia resultar numa venda grande, ele chegava meia hora mais cedo, parava no estacionamento e ficava convencendo a si mesmo: "Não preciso vender hoje. Não preciso fechar esse contrato. Não me importa se eles vão comprar ou não." Assim, ao entrar na reunião, ele não demonstrava qualquer apego ao negócio. Não agia de forma arrogante, mas também não era dominado pelas próprias expectativas. O que tivesse que acontecer aconteceria, ele pensava. E sempre se saía muito bem!

Enquanto você está desesperado, sentando sem jeito numa cadeira durante uma reunião, prendendo a respiração e rezando em silêncio, nada dá certo. É uma regra. Você sabe disso. Talvez seja a forma que a vida tem de nos dizer para não levarmos tudo tão a sério. As pessoas mais bem-sucedidas são as que sabem se desapegar.

POR QUÊ?
POR QUE NÃO?
ANDREW MATTHEWS

7. Riqueza

Para ganhar dinheiro e mantê-lo, você precisa se sentir à vontade com ele!

Ter sucesso financeiro provavelmente é um projeto de longo prazo no qual muitas decisões precisam ser tomadas:

1. FIQUE À VONTADE COM O DINHEIRO. Sinta-se seguro o bastante para falar sobre dinheiro, pedir empréstimos e até mesmo fazer doações. Mantenha a calma quando tiver dinheiro sobrando. Se falar em questões financeiras o deixa nervoso, se você acredita que isso não combina com você, então nunca vai ter dinheiro. Acontece inconscientemente. Quando algo nos causa estranheza ou incômodo, nós o evitamos.

Já percebeu como algumas pessoas nunca aceitam dinheiro? "Não, não, de jeito nenhum! Eu não preciso", elas dizem, mesmo que estejam vivendo a pão e água. Elas ficam constrangidas e, muitas vezes, até ofendidas. "Não preciso do seu dinheiro. Está tudo bem."

Imagine que:

- Um amigo que tem muito dinheiro resolvesse lhe dar mil reais. Como você reagiria?
- Você estivesse fazendo compras com um amigo que percebesse que havia esquecido a carteira em casa. Você se sentiria à vontade para dizer "Será que você poderia passar minhas compras no seu cartão e eu lhe pago depois?" ou teria um ataque de pânico e desistiria do que estava levando?
- Você tivesse acabado de vender sua moto e estivesse a caminho do banco para depositar o dinheiro que recebeu quando encontrou um velho amigo e parou para tomar um café com ele. Se seu amigo percebesse o volume em sua carteira, você se sentiria à vontade ou rapidamente explicaria o motivo de ela estar tão cheia?

Muitas pessoas não têm dinheiro porque não se sentem à vontade com ele. De forma geral, quanto mais estressado você fica em relação ao dinheiro, menos dele você tem.

2. COBRE AS DÍVIDAS. Quando alguém pegar dinheiro emprestado com você, fique à vontade para cobrá-lo.

Algumas pessoas têm dificuldade até para falar sobre dinheiro. Emprestam o equivalente a uma semana inteira de trabalho e, quando precisam do dinheiro de volta, não sabem como pedir: "Ah, sabe o... você lembra... é... não é muito importante e eu não estou precisando tanto... como eu posso dizer... eu estava pensando...", balbuciam, em vez de perguntarem de forma mais sensata: "Você pode devolver meu dinheiro?"

3. REAFIRME COM FREQUÊNCIA QUE VOCÊ MERECE O QUE TEM. Quando as contas chegarem, lembre a si mesmo: "Tenho tudo de que preciso."

Muitas pessoas passam a vida preocupadas com as contas e reclamando de falta de dinheiro. Elas criam um padrão subconsciente que lhes diz: "Estou sempre sem dinheiro." E depois ainda se perguntam por que ficam no vermelho. Se você só disser que não tem dinheiro, nunca terá.

4. ANDE COM DINHEIRO. Algumas pessoas nunca carregam dinheiro! Como você pode se sentir bem-sucedido se sua carteira está sempre vazia? Se você quer se convencer do próprio sucesso financeiro, precisa andar com dinheiro. Tente ter sempre uma nota de 50 sobrando em sua carteira – ou pelo menos uma de 20. Se gastar os últimos 20, coloque mais no lugar deles.

Você vai dizer: "Mas se tiver dinheiro comigo, vou gastá-lo!" É exatamente por isso que você deve praticar esse exercício – para aprender a controlar suas finanças. Se quer mesmo aprender sobre prosperidade, um bom começo é confiar a si mesmo pelo menos uma cédula de 20.

"Steven já comeu demais. Não é, Steven?"

Fred diz: "E se alguém roubar minha carteira?" E você prefere andar com a carteira vazia e se sentir falido todos os dias a correr o risco de perder o equivalente a um almoço? Isso não é vida.

Pobres consomem, ricos investem

Meu irmão, minha irmã e eu fomos abençoados com pais amáveis e sensatos que sabiam se virar com pouco dinheiro. Mamãe remendava nossas meias, papai tinha apenas um terno. Plantávamos os tomates que consumíamos e não faltava carne em nosso prato, mesmo sendo de segunda.

Meus pais nos davam presentes de Natal muito úteis, mas não muito legais. Lembro-me de uma vez, na escola, em que um amigo perguntou o que tínhamos ganhado de Natal.

Rob respondeu: "Um esqui aquático!"

Mel disse: "Uma boneca."

E eu respondi: "Um pijama!"

Aos 9 anos, eu era a única criança da sala que não tinha uma bicicleta. Meu sonho era ganhar uma – por mais simples que fosse.

Ao lado de nossa casa morava a família James. Nossos vizinhos tinham três filhos e todos tinham bicicleta – do modelo mais recente, com marchas. Três bicicletas novas e com marchas em uma família só? Para mim, aquilo é que era ser rico. Na minha cabeça, os James eram como a família real.

Minha mãe costumava fazer doações para os necessitados. Um dia cheguei em casa e vi que havia espaço sobrando no meu armário. Minha mãe explicou: "Acabei de dar algumas de suas roupas para uma família que está com dificuldades até para comprar comida."

"Quem?", perguntei.

"Os James", respondeu ela.

"Os James estão precisando de pijamas?"

Ela podia ter dito "Os Kennedy!" que eu teria ficado menos surpreso. Passei aquela noite em claro, pensando: "Como pode uma família com as melhores bicicletas do mundo não ter dinheiro para comprar comida?" No final, consegui entender que as pessoas se atrapalham quando compram o que vai além de suas possibilidades e que muita gente faz isso.

O fato de você ter comprado algo não significa que possa pagar por ele. É por isso que as pessoas que mal têm dinheiro para o aluguel são também as que possuem as maiores televisões.

Até aquele momento, eu nunca tinha parado para analisar a situação, que era: meus pais tinham casa própria, compravam à vista, ganhavam o suficiente para sobreviver e nunca brigavam por causa de dinheiro. E, em troca dessa vida tão segura, eu só tinha que esperar receber presentes úteis no Natal e aguardar um pouco mais que meus amigos pela bicicleta – que ganhei no aniversário de 10 anos.

É claro que, se você me perguntasse aos 9 anos: "Você prefere ter uma bicicleta nova ou comer carne de segunda?", eu escolheria pedalar pela vizinhança. Mas agora compreendo como a estratégia de meus pais era a mais sensata.

Quando fiquei mais velho, meu pai me disse: "Só vale a pena pegar um empréstimo se for para comprar algo que irá valorizar ou fazer você ganhar dinheiro." Também explicou: "Investir em imóveis e ações pode representar uma renda extra e provavelmente eles valerão mais com o passar do tempo. Bens de consumo como televisores e bicicletas não trazem qualquer renda e tendem a perder valor."

O que nos leva à seguinte pergunta: "Das coisas que você comprou nos últimos 10 anos, quantas tiveram valorização?" Sua resposta dará uma ideia de se você está ou não no caminho certo para a riqueza.

EM POUCAS PALAVRAS

Ricos investem. Pobres consomem.

Seu caminho para a independência financeira é um processo de duas etapas:

a) Ganhe o dinheiro (a parte mais fácil).

b) Mude seus hábitos – o jeito de economizar, gastar e investir (a parte mais difícil).

Ter uma vida financeira tranquila é mais fácil do que imaginamos.

Não é minha culpa

Assisti à seguinte conversa na TV entre uma senhora desolada e um consultor financeiro:

Senhora: Meu marido acaba de perder o emprego e nós não sabemos o que fazer. A prestação de nossa casa é alta e nossos dois carros são financiados. Foram os executivos de Wall Street que criaram esse caos financeiro mundial. Não é justo. O governo devia fazer alguma coisa!

Especialista: Seu marido ganhava bem?

Senhora: Ganhava, sim.

Especialista: Ele recebeu aumentos de salário nos últimos anos?

Senhora: Recebeu. Ele era muito bom no que fazia e recebia aumentos e promoções, além de bônus.

Especialista: E como era o estilo de vida de vocês?

Senhora: Tínhamos uma vida boa. Conhecemos Roma, o Rio, Las Vegas, ampliamos a casa e construímos uma piscina.

Especialista: E, quando seu marido recebia um bônus, quanto vocês guardavam para o futuro?

Senhora: Como?

Especialista: Quanto vocês economizavam para o futuro?

Senhora: Não economizávamos. Pegávamos mais dinheiro emprestado, já que ele estava ganhando tão bem.

O mais estranho é o seguinte: nunca passou pela cabeça desse casal que:

a) Enquanto ele ganhava tanto dinheiro, seria uma boa ideia economizar uma parte
b) Eles criaram essa situação
c) Nenhum emprego é para sempre

EM POUCAS PALAVRAS
O dinheiro que você pega emprestado não é seu.
Seja cauteloso ao gastá-lo.

Se eu tivesse mais 10 mil, seria feliz!

Fred garante que, "se tivesse mais 10 mil, seria feliz". Pouco depois, um tio morre e deixa 40 mil de herança para ele.

Fred chama a esposa para contar a novidade: "Mary, agora posso comprar um carro zero!" A mulher se debulha em lágrimas: “Mas você me prometeu uma cozinha nova!” De repente, o mesmo Fred que seria feliz com 10 mil está tendo uma briga por causa de seus 40 mil – e a esposa dele também está infeliz.

A única solução é comprar o carro e a cozinha, o que acaba custando 50 mil. Assim, eles gastam toda a herança e dividem os 10 mil restantes em seus sete cartões de crédito. Fred agora resmunga: “Se eu tivesse mais 20 mil, seria feliz!”

A questão não é o dinheiro, mas o comportamento que se tem em relação a ele. É acreditar em algo que não corresponde à realidade. Há três problemas aqui:

- Fred acredita que o dinheiro é a solução. Na verdade, ele está tão acostumado a não ter dinheiro que, no momento em que o ganha, gasta tudo.
- Não costumamos julgar bem o que vai nos fazer felizes. Fred fica animadíssimo com seu carro novo por uma semana e depois tudo volta ao normal – exceto pelo fato de que agora ele tem uma dívida enorme!
- A maioria de nós é muito parecida com Fred!

Nós nos acostumamos muito rápido a mais dinheiro. Ganhamos 500 reais de aumento no salário e ficamos em êxtase com o primeiro contracheque, satisfeitos com o segundo e no terceiro nos pegamos pensando quanto tempo vai demorar até o próximo aumento. Ganhamos mais, gastamos mais, queremos mais.

Não é porque você tem que precisa gastar

Joe ganhou 200 reais numa raspadinha. Ficou tão feliz que pagou bebidas para todos que estavam no bar. A conta ficou em 300 reais!

Michael e Lyn se casaram sem ter nada no banco. Um parente lhes deu mil reais de presente de casamento – era o único dinheiro que tinham. Seus amigos disseram: “Que maravilha! Gastem na lua de mel!”

Clive e Louise devem 200 mil da casa em que moram e estão esperando o terceiro filho. Estavam economizando até nas compras de supermercado quando herdaram 200 mil do pai dela. Então compraram dois carros de luxo e fizeram uma viagem pelo mundo. O pai havia levado 30 anos para juntar o dinheiro que eles gastaram em três meses. Agora eles voltaram a ter de economizar no supermercado.

Se surgir algum dinheiro inesperado, você não precisa gastá-lo! Você deve comemorar, sim. Mas pague algumas dívidas e guarde uma parte. Se você quer ser feliz mesmo em tempos difíceis, planejar um pouco facilita as coisas.

Você já deve ter ouvido falar que, se uma pessoa começa a economizar 10 reais por dia aos 15 anos, se torna milionária aos 45. A pergunta que se faz disso é: "Quanto 1 milhão valerá naquele momento?" Resposta: "Um milhão a mais do que a pessoa terá se não economizar."

As histórias de Joe, Carmen, Frank e Maria

Julie e eu temos alguns amigos muito queridos: Joe e Carmen, Frank e Maria. Os dois casais são amigos e sócios há muitos anos.

Em 2000, eles possuíam e gerenciavam um hotel com 100 quartos e restaurante. Depois de 30 anos trabalhando praticamente sete dias na semana, decidiram se aposentar. Contrataram gerentes para o hotel e o restaurante. Joe e Carmen construíram a casa de seus sonhos e Frank e Maria se mudaram para uma cobertura de frente para o mar. Estava na hora de curtir a vida e os netos.

Frank disse: "O banco avaliava o hotel em 6 milhões. Devíamos 3 milhões a ele, mas pagávamos as prestações e ainda sobrava para nós. Estávamos todos satisfeitos."

Então houve uma reviravolta no setor de turismo e três coisas aconteceram:

- O hotel começou a não dar lucro.
- O restaurante começou a ficar no vermelho.
- O banco exigiu 2 milhões em duas semanas.

"Não tínhamos 2 milhões e ninguém queria comprar nosso negócio. O banco ia leiloar o hotel. Da noite para o dia, nosso mundo desabou. Ficamos desesperados. Havíamos trabalhado tanto durante 30 anos para garantir uma aposentadoria confortável. Íamos perder tudo o que tínhamos. Foi a época mais triste de nossas vidas", contou Frank.

Nunca desistir sem lutar

Eles fizeram uma reunião e decidiram que não seriam derrotados sem lutar. Tomaram uma decisão difícil: os quatro voltariam ao trabalho, para administrar tanto o hotel quanto o restaurante.

A última coisa que queriam fazer era deixar suas casas, mas Maria e Frank saíram de sua cobertura e se mudaram para um dos quartos do hotel. Alugaram o apartamento e usaram o dinheiro para pagar o banco. Da mesma forma, Carmen e Joe também trocaram sua casa por um quarto do hotel, alugaram o imóvel e passaram ao banco o que receberam. Eles também:

- Dispensaram a maior parte da equipe, com exceção dos funcionários que trabalhavam em meio período, e assumiram as tarefas dos que saíram.
- Passaram a lavar os lençóis, toalhas, cobertores e colchas de todos os 100 quartos.
- Começaram a preparar o café da manhã dos hóspedes.
- Arrumavam as camas.
- Limpavam os quartos.
- Lavavam os banheiros.
- Além disso, Frank ficou responsável pela recepção, enquanto Joe cuidava da manutenção. Todos os dias, às cinco da tarde, os dois casais terminavam suas tarefas no hotel, tomavam banho e se vestiam para trabalhar no restaurante. Eram eles os chefs, garçons, garçonetes e lavadores de prato.
- As mulheres cozinhavam, os homens atendiam no bar e no salão.

"Começávamos a trabalhar às cinco da manhã todos os dias e parávamos à meia-noite. Eram 19 horas por dia, 7 dias por semana", contou Joe. "Não recebíamos salário, não tínhamos folga, não gastávamos nada conosco. Essa 'aposentadoria' foi a fase mais difícil de nossas vidas! No primeiro dia no restaurante, estávamos os quatro trabalhando e tivemos apenas um cliente. As contas continuavam a chegar. O banco ameaçava decretar nossa falência. Estávamos desesperados. Frank ia ao banco toda sexta-feira."

Para Frank, "foi uma experiência muito estressante. Eu nunca sabia se teríamos dinheiro para pagar as contas. O banco não queria negociar. Ficávamos o tempo todo esperando um aviso deles de que teríamos de fechar as portas."

Frank contou que, aos poucos, os lucros do hotel aumentaram e "graças à comida da Carmen e da Maria, o restaurante, que estava servindo cinco ou seis pessoas por noite, passou a servir 30 em pouco tempo. Esse número passou para 60, depois para 80, e tivemos até que recusar clientes. Salvamos nosso negócio e mantivemos nossas casas. Hoje, o hotel e o restaurante estão arrendados. Joe e Carmen voltaram para sua casa dos sonhos, Maria e eu estamos em nossa cobertura. Depois de tudo isso, talvez ainda haja pessoas que achem que apenas tivemos sorte na vida."

EM POUCAS PALAVRAS
A parte mais difícil não é fazer o trabalho, mas decidir fazê-lo!

Um trabalho leva a outro

Às vezes somos exigentes demais. Recusamos uma oferta de trabalho pensando "esse não é o emprego que eu quero". Mas se for tudo o que você tiver no momento, aceite, se esforce e veja que ele o levará a outro, melhor. Se não há nada grande em vista, comece por algo pequeno.

Há uma história que adoro sobre um imigrante chamado Nick e como ele conseguiu seu primeiro emprego nos Estados Unidos. Nick era pobre, não falava inglês e se candidatou a uma vaga de lavador de pratos em um restaurante em Nova York. Antes da entrevista, Nick foi ao banheiro do restaurante, pegou uma escova de dentes e limpou todos os frisos entre os azulejos, até que o banheiro estivesse brilhando de tão limpo.

Enquanto Nick era entrevistado, o chefe tentava entender: "O que aconteceu nos banheiros?" Essa foi a forma que Nick encontrou para dizer que levaria a sério o emprego como lavador de pratos.

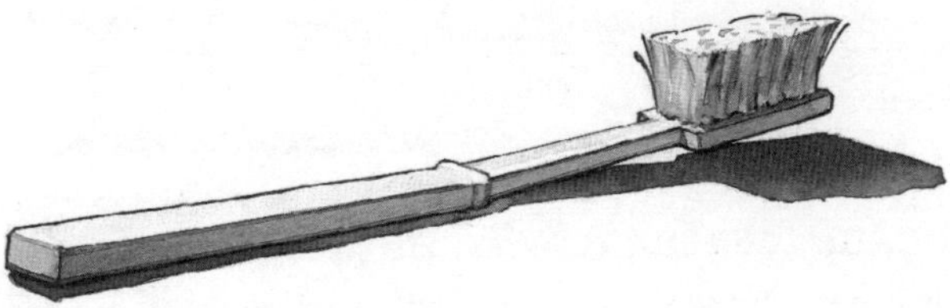

Ele foi contratado. Uma semana depois, o rapaz que preparava as saladas pediu demissão e Nick assumiu seu posto, começando a trilhar o caminho para se tornar um chef. Quando as pessoas me dizem que não há empregos, lembro-me de Nick e sua escova de dentes. Tenho certeza de que, quando você procura um trabalho com a mesma atitude de Nick, surgem dezenas de oportunidades. Isso pode acontecer agora, na sua cidade. Hoje Nick é bilionário. E algumas pessoas diriam que ele apenas teve sorte!

Preste atenção ao histórico

Larry está sempre tentando fechar negócios milionários, mas suas grandes transações nunca se concretizam. Enquanto isso, seu carro está caindo aos pedaços e até seu cachorro está emagrecendo. Por quê? Ele não desenvolveu o hábito

"CIRURGIA CEREBRAL: Você vai precisar de uma serra, uma furadeira e um pouco de arame ou fita adesiva. 1º PASSO: Remova o topo da cabeça... veja, anexa, a ilustração do coco..."

de ser bem-sucedido. Nunca aprendeu a fechar negócios que envolvem milhões!

Primeiro você aprende a pescar sardinhas, depois tubarões. Um cirurgião começa a carreira operando amídalas e só anos depois opera um cérebro. Muitos magnatas começam a formar suas fortunas aos 10 anos, lavando carros ou entregando jornais. Eles criam um padrão de sucesso, aprimoram suas habilidades e assim se preparam para desafios maiores.

O que há de tão importante em um padrão de sucesso? É ele que faz uma pessoa ACREDITAR EM SI MESMA. Quando você tem certeza de que está preparado, de que tem capacidade e merece, está no caminho certo para o sucesso. Mas, quando você não acredita em si mesmo, não chega a lugar algum.

Além disso, os padrões das pessoas podem ser um indicador bastante útil quanto ao que esperar delas. Pode ser mais fiel do que todas as promessas que elas fazem e as boas intenções que demonstram. Se alguém for trabalhar para você, pegar seu dinheiro emprestado, ser seu sócio ou operar seu cérebro, preste atenção ao histórico da pessoa. Se ela não tiver um padrão de sucesso, cuidado!

EM POUCAS PALAVRAS
Seja qual for o seu objetivo, comece de baixo, faça do sucesso um hábito.

Adapte-se ou morra

Todos nós já ouvimos falar sobre seleção natural. Em resumo, ela diz: "Adapte-se ou morra!" Se você for um tigre, talvez hoje encontre seu almoço no rio. Amanhã pode ser que tenha que caçá-lo na floresta. Os tigres se adaptam a essa situação. Já muitos seres humanos não são assim tão flexíveis. Saímos de nossa cama e dizemos: "Ontem consegui meu almoço no rio. Se ele não estiver lá hoje, vou ficar muito aborrecido." E, quando não conseguimos o almoço no rio por uma semana, entramos em depressão!

Nem sempre nossa fonte de renda permanece a mesma. Talvez você não vá trabalhar no mesmo lugar a vida inteira. Às vezes o mundo muda nossos planos.

Stephen Morgan trabalhou na fábrica da Mitsubishi em Tonsley Park, na Austrália, até ela ser fechada, em 2008. "Eu trabalhava lá havia 22 anos. Era um bom emprego. Senti um vazio imenso no dia em que fechamos as portas", disse ele. Mas Stephen não se sentou no chão para chorar, nem ficou se perguntando "Por que eu?". Ele se tornou enfermeiro em um asilo. Seus amigos mal puderam acreditar quando viram aquele homem musculoso tomando conta de idosos!

"Eles balançavam a cabeça e diziam 'não consigo imaginar você fazendo isso'. Eu respondia: 'Então vá me visitar e veja.' Meu filho adolescente perguntava: 'Pai, quantas bundas você limpou hoje?' Eu dizia: 'Algumas.' Se eu ganhasse uma moeda cada vez que ouço essa pergunta, já estaria rico", diz o enfermeiro.

Stephen fica feliz em ajudar as pessoas. "Uma máquina é uma máquina, você pode consertá-la. Mas meus pacientes são seres humanos. É muito mais difícil consertá-los. Só que você faz algo simples por essas pessoas que estão sofrendo e elas ficam tão felizes! Recebo pelo menos 50 'obrigados' por dia. É uma sensação maravilhosa."

Danielle Trent trabalhou com finanças corporativas até perder o emprego, aos 30 anos. "Quando você é demitido, muita coisa passa pela sua cabeça. Você quer tentar coisas novas, mas fica pensando: 'Será que devo? Será que alguém vai me dar uma oportunidade?' É mais fácil ficar na zona de conforto. Eu só entendia de finanças. Fiquei com medo, mas pensei bastante no que queria fazer." Danielle se tornou aprendiz de mecânico. E está adorando.

Stephen e Danielle são tigres. Eles se adaptaram à situação.

A maioria de nós quer que a vida tenha algum significado. A questão é que encontramos mais significado na vida quando ela é menos previsível. É nos momentos de maior dificuldade que nos descobrimos. Por exemplo, nas experiências de quase morte. Situações assim nos permitem enxergar o que realmente importa. Se você perdeu o emprego, pense que, em um sentido, isso pode ser como uma experiência de quase morte: pode tornar a vida muito melhor.

A história de Mark

Encontrei mil livros sobre como ser bem-sucedido. O que eu precisava era de um que ensinasse a sobreviver ao fracasso!

No fim da década de 1970, ajudei meu pai a montar lojas de material elétrico. Em meados dos anos 1980, nossa pequena loja havia se tornado uma rede com nove filiais e 70 funcionários – éramos invencíveis! Meu pai era o presidente e eu era seu braço direito. Logo depois veio uma recessão – e nos fez descobrir que "invencível" também podia significar "aquele que despenca do topo".

"Os credores chegaram de uma hora para a outra. Novamente as dívidas nos forçaram a vender tudo. Fiquei na sarjeta."

Enquanto clientes furiosos batiam em nossa porta, os credores tomavam nossas lojas. Vendemos tudo para saldar dívidas. Perdemos nossa casa de praia, a lancha, o Mercedes. Essa parte nem doeu tanto. Mas também perdemos 70 funcionários leais e eficientes. Isso doeu. Eu me sentia envergonhado e humilhado, um fracasso total.

Mas esse ainda não era o fim. Um ano depois, meu pai e eu abrimos outra loja e começamos a entrar de novo no mercado. Como não tínhamos dinheiro para trabalhar com produtos novos, comprávamos pontas de estoque que os outros varejistas não queriam e os consertávamos para vender. Percorremos uma estrada longa e difícil e, em 2003, depois de 17 anos de suor, tínhamos três lojas e 15 funcionários.

Então meu pai morreu, deixando minha madrasta como presidente da empresa. Nós não concordávamos em nada. Por três anos, nosso relacionamento se resumiu à minha frustração e à desconfiança dela, até que, em setembro de 2006, no dia em que fechei o maior negócio da minha vida, ela usou seu poder para fechar a empresa. Os credores chegaram de uma hora para a outra. Novamente as dívidas nos forçaram a vender tudo. Fiquei na sarjeta.

Indo ao chão pela segunda vez, fingi ser forte. Disse à minha família: "Vamos sair dessa." Mas eu não tinha mais nada. Tinha deixado meus funcionários e minha família na mão de novo – e devia a credores furiosos.

Fundo do poço

Lembro-me da noite em que fali. Minha esposa e eu havíamos participado de um encontro de casais e, na volta para casa do evento que deveria nos ajudar a ter uma vida mais feliz juntos, tivemos uma briga séria. Sozinho e derrotado, vaguei pela mata atrás de nossa casa na escuridão e chorei copiosamente durante quatro horas. Foram lágrimas por meu pai e por 35 anos de trabalho sem qualquer resultado.

Era o fundo do poço para mim. Comecei a me fazer perguntas importantes e, na verdade, comuns – mas quando você não tem mais nada a perder, consegue respostas sinceras. Perguntei a mim mesmo:

- Quem sou eu?
- O que realmente importa?
- Quem se importa comigo de verdade?

Aquele foi um momento decisivo, quando percebi quanto eu amava minha família e quanto ela me amava.

Eu não tinha sido derrotado ainda! Em 2007, descobri uma nova oportunidade que poderia dar fim ao sofrimento de todos os fracassos anteriores. Eu sabia que era arriscado, mas parecia que ia dar certo, então comprei uma franquia. Resumindo: a rede faliu e eu quebrei junto. Neste momento, devo 600 mil.

Ainda não fui derrotado. Pelo contrário, aprendi muita coisa. Descobri que gosto mais de lidar com gente do que de fazer negócios. Tanto faz se os outros acharem que sou bem-sucedido ou não. O que importa é que sou um homem honesto.

Dinheiro não compra dignidade. Mesmo que você esteja falido, pode agir com honestidade e decência e ainda ter esperança.

Hoje trilho outro caminho e estou animado com o futuro. Ajudo as pessoas a superar situações parecidas com as que vivi. Estudo psicologia e trabalho em meio período fazendo sessões de aconselhamento. Escrevi meu primeiro livro e estou criando uma rede de pessoas para orientar e apoiar aqueles que passam por dificuldades nos negócios.

Pude me conhecer muito mais no fracasso do que quando eu era "bem-sucedido".

Onde a riqueza nasce

Einstein disse que "a imaginação é mais importante que o conhecimento". Isso também se aplica a ganhar dinheiro.

Digamos que você já trabalhe numa empresa mas queira ganhar um dinheiro extra em seu tempo livre. Você se pergunta: "Que habilidades eu tenho – ou o que eu amo fazer – que as pessoas me pagariam para colocar em prática?" Você se vê desenhando cartões personalizados ou levando os cachorros dos vizinhos para passear. Ou se imagina redecorando um apartamento ou dando aulas de alongamento. Então você tenta algumas ideias. No fim, uma funciona. Onde isso tudo começou? Na sua imaginação.

Se você já tem um negócio próprio, aumentar os lucros depende de sua capacidade de ser criativo ao responder a perguntas como...

- Como posso fazer mais com menos?
- Como posso organizar melhor meu tempo?
- O que as pessoas realmente querem – e como posso lhes proporcionar isso?

E adivinhe só? Muitas de suas ideias não vão funcionar. Felizmente, não é preciso que todas funcionem – só uma ou duas.

Abel Damoussi tinha uma butique na Oxford Street, em Londres. Ele quebrou a cabeça até descobrir uma maneira de atrair mais pessoas para sua loja – e teve a ideia louca de transformá-la em uma boate depois de certa hora. Você deve estar se perguntando: "E quem iria querer dançar em uma butique?"

Abel contratou um DJ e disse: "Faça este lugar bombar!" Foi assim que nasceu uma das casas noturnas mais badaladas do Reino Unido. Quando os frequentadores queriam comprar um terno à meia-noite, ouviam: "Isso não está à venda agora! Volte quando estivermos abertos." E eles voltavam, sempre. Os negócios triplicaram. Em pouco tempo, Abel estava ganhando mais de 20 milhões de libras por ano.

Talvez você pense: "Mas eu não sou Abel." Tudo bem. O princípio geral também vale para você: recuperar suas finanças e conquistar a riqueza são atitudes que nascem na sua imaginação. Em nenhum outro lugar. Não é só trabalhando mais que se consegue ganhar mais dinheiro – é aumentando a quantidade e a qualidade de suas ideias.

EM POUCAS PALAVRAS

O dinheiro nasce a partir da sua imaginação. Se você não consegue vê-lo em sua mente, jamais conseguirá vê-lo em sua carteira.

Valor próprio e saldo bancário

Não confunda valor próprio com o saldo da sua conta bancária. Sempre haverá pessoas mais ricas que você. Há quem tenha 50 milhões e seja infeliz. O problema em ter 50 milhões é que você passa a conhecer pessoas que têm 500 milhões. Se você se avaliar pelo dinheiro que tem, irá sempre se sentir um fracassado.

Dean Robinson é um professor de ensino médio que ganha 4 mil por mês. Em seu emprego anterior, quando era consultor de gerenciamento, ele ganhava 40 mil – ou, como ele descreve, "rios de dinheiro".

Ele não foi demitido, pediu demissão. Queria uma vida melhor. Ele explica: "Estar no mundo corporativo significa trabalhar muitas horas, fazer muitas viagens, ter muito estresse. Não me permitia ficar tempo o suficiente com a minha família." Foi quando ele se perguntou se aguentaria aquele ritmo por mais um ano ou se seria melhor trabalhar por mais 10 como professor. E escolheu ser professor.

"Meus alunos me perguntam: 'O senhor foi demitido? É por isso que está aqui?' Não conseguem imaginar por que eu trocaria meu emprego e o dinheiro que ganhava pela sala de aula."

Mas Dean nunca se arrependeu dessa decisão. "Estou mais feliz. Lido com jovens. Eles são nosso futuro. São espertos, inteligentes e espirituosos. É divertido trabalhar com eles, um desafio. Sinto meu ânimo renovado e aprendo algo novo todos os dias."

Quero que meus filhos sejam bem-sucedidos e felizes!

Você já ouviu alguém dizer: "Meus pais sempre foram ricos. Eles me deram tudo o que eu queria e nunca precisei trabalhar. Foi uma preparação maravilhosa para a vida. Tenho tanto orgulho de mim mesmo!" Soa estranho, não soa?

Mas você ouve as pessoas dizerem: "Meus pais eram pobres e passamos necessidade. Tive de arranjar um emprego de meio período para pagar meus estudos. Isso me ensinou a administrar o dinheiro. Aprendi a ser responsável e independente."

Por que tantos pais são determinados a dar aos filhos tudo o que eles querem? Seria para benefício dos filhos ou deles mesmos? Talvez seja mais para impressionar os vizinhos do que para educar as crianças – o que certamente não é tão simples quanto mimá-las.

EM POUCAS PALAVRAS

As crianças mais felizes e que se saem melhor na vida são as que aprendem a lutar suas próprias batalhas, a economizar e a enfrentar o desapontamento. Isso se chama descobrir o mundo real.

Trate bem de si mesmo

"É engraçada a vida. Quando você se recusa a aceitar qualquer coisa que não seja o melhor, com frequência você consegue o melhor." – W. Somerset Maugham

Você não pode enganar o mundo. Você não pode tratar mal a si mesmo e esperar que o mundo o respeite e o remunere bem. Ainda que você grite aos quatro ventos que está pronto para ter uma vida boa, se diariamente criar desculpas para aceitar o não tão bom, nada mudará em seu futuro.

Todo dia é importante, cada pensamento seu é importante, tudo é criação sua. Fred diz: "Quando eu for bem-sucedido, não vou mais viver acuado." Não, Fred. Para ter sucesso, antes você precisa começar a vivê-lo, você precisa senti-lo desde já.

Fred pergunta: "Isso significa que devo almoçar nos melhores restaurantes?" Provavelmente, ainda não. Mas você pode entrar em um e pedir um café. Melhorar sua qualidade de vida é como montar um quebra-cabeça: gradualmente, de forma sensata, você vai enxergando melhor o todo. Amplia seus horizontes. Tenta coisas novas, vai a lugares diferentes, deixa para trás antigos hábitos.

E então você olha para a sua vida de um ou dois anos antes e pensa: "Uau. Como eu cheguei longe!"

Checklist da prosperidade

Quando o assunto é prosperidade, não há truque ou artifício possível. Você precisa fazer o que as pessoas ricas fazem, o que inclui o seguinte:

- Pare de dizer a si mesmo e aos outros que está sem dinheiro. Repita diariamente: "Sou uma pessoa de sucesso." Você consegue o que você pensa.
- Acredite de coração que você tem o mesmo direito a uma vida confortável que todas as outras pessoas têm.
- Estude a riqueza! Descubra como os ricos agem.
- Desenvolva suas habilidades e aumente seu conhecimento.
- Passe algum tempo ao lado de pessoas motivadas.

- Desligue-se dos resultados. Se você está se candidatando a um emprego ou fechando um negócio, deixe acontecer.
- Comece a economizar 10% de sua renda. Faça o depósito todo mês, antes de gastar um centavo.
- Cuide de si mesmo: limpe sua casa, seu armário, seu carro – jogue as tralhas fora. Se você tem roupas que o fazem se sentir mal, livre-se delas. Você precisa se sentir bem.
- Dê o máximo de si em tudo, mesmo que seja algo pequeno, e as oportunidades começarão a ir atrás de você.
- Comece de onde puder.
- Seja grato pelo que você já tem. A gratidão mantém o fluxo de coisas boas.

Isso é suficiente.

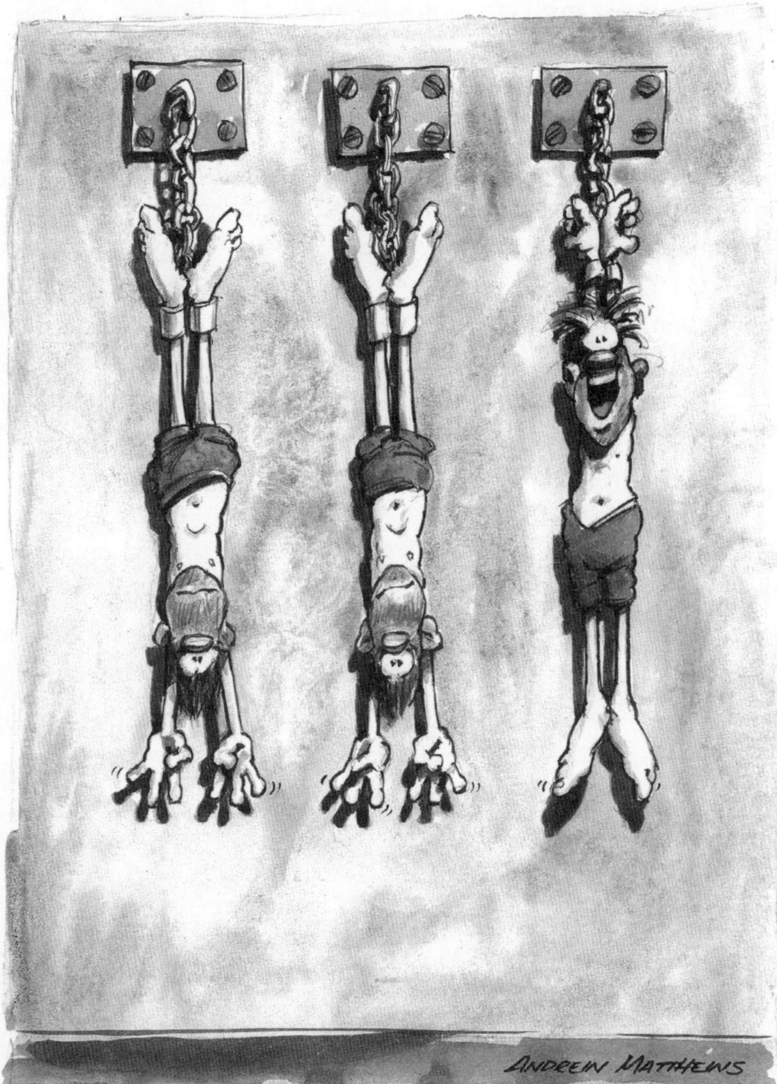

"Às vezes me pergunto por que tenho tanta sorte."

8. Avanços

Imagine que você está dirigindo um carro de corrida a 200 quilômetros por hora quando de repente perde o controle e vai em direção a um muro. O que você faz?

Se você pensou em dizer "Fecho os olhos", não é uma boa resposta.

Aqui vai o que todo piloto de corrida sabe e o que os motoristas comuns deveriam saber: quando você perde o controle, precisa manter os olhos fixos no lugar *aonde você quer ir.* Não é para olhar para onde você estava nem para onde está. Seu foco é *aonde você precisa chegar.*

E quando sua vida sai do controle? Vale a mesma regra. Você mantém o foco no ponto aonde você quer chegar. Se você acaba de perder todo o seu dinheiro, se perdeu o emprego, se terminou um relacionamento, não olhe para trás. Pare de culpar seu ex-namorado ou sua ex-mulher. Para de se culpar também.

Mantenha seu pensamento naquilo que você quer. Mantenha seu foco AONDE QUER IR.

Concentre-se no que você quer

Concentrar-se em *aonde você quer chegar* é um princípio que pode ser aplicado a tudo – e é cientificamente comprovado. Antes de fazer qualquer coisa na vida, é preciso primeiro visualizá-la. Antes de dar uma tacada de golfe, você constrói a ação em sua mente. Para pegar uma bebida na geladeira, você *antevê* os movimentos – rapidamente – em seu cérebro. Se você não imaginar a ação, ela não acontece.

Vamos explorar um pouco mais essa questão. Digamos que haja diversos eletrodos em sua cabeça conectando você a um aparelho que vai medir sua atividade cerebral. Agora imagine que você vá atravessar as Cataratas do Iguaçu equilibrando-se sobre um cabo de aço enquanto seus pensamentos são monitorados.

Na hipótese de você voltar são e salvo dessa aventura, vamos supor que você se sente em uma cadeira em terra firme e se *imagine vividamente* passando pela corda bamba sobre as cataratas. Algo muito interessante acontecerá em relação à sua atividade cerebral. As áreas do seu cérebro que serão ativadas enquanto você *imagina a cena* serão exatamente as mesmas de quando você estava de fato *vivendo o momento.*

Seu cérebro não sabe a diferença entre uma experiência real e uma imaginária. Quando você *ensaia mentalmente*, as células do seu cérebro passam por mudanças eletroquímicas, as mesmas que ocorreriam se você estivesse de fato andando de skate, dançando ou entrando em pânico.

O que isso significa?

Que, quando você imagina, programa seu cérebro.

Que, quando você se imagina fazendo algo de forma perfeita, treina seu cérebro para seu melhor desempenho.

Talvez você diga: "Mas isso foi descoberto na década de 1950!" De fato. Não há um jogador de golfe, cantor, orador, piloto de corrida ou ladrão profissional que não utilize a técnica da visualização. Mas nós muitas vezes subestimamos o poder desse recurso.

Por que as crianças aprendem tão rápido? Porque elas usam a visualização naturalmente, fazendo filmes mentais imaginários. Sua filha de 2 anos não precisa ler este capítulo. Para ela, ensaio mental é algo automático. O problema é que, por se tratar de um recurso tão elementar, as pessoas acreditam que fazer filmes mentais não seja algo muito sofisticado. Assim, muitos adultos, considerando-se *intelectuais*, tendem a não usar essa técnica.

Se você deseja modificar qualquer hábito, se deseja ser mais pontual, mais organizado, mais seguro e até mais feliz, precisa se imaginar – de forma vívida, repetidamente – fazendo as coisas do jeito certo. Com o passar das semanas e dos meses, você vai perceber a transformação. Parece fácil demais? Pois então lembre-se de que não se trata de uma tarefa a ser feita *uma* ou *duas* vezes. Precisa fazer parte da sua rotina diária.

> **EM POUCAS PALAVRAS**
> Você não alcança coisas maravilhosas olhando para *o que você é*.
> Você alcança coisas maravilhosas olhando para *o que deseja ser* – e depois reproduzindo esses filmes em sua mente.

Criando resultados

Você pode mudar hábitos antigos ao reproduzir filmes mentais, mas saiba que haverá alguma resistência. Seu antigo eu vai tentar manter tudo no lugar de sempre – mas você é mais forte. Nada precisa permanecer do jeito que está.

Muitas pessoas utilizam a mente "ao contrário" – ou seja, elas pensam no que *não querem*. E depois se perguntam por que obtêm resultados negativos. Mas se eu disser "Não pense em um macaco azul", em que você pensa? Da mesma forma, o que aconteceria se você tivesse que fazer um discurso para 100 pessoas e só dissesse a si mesmo "Não fique nervoso! Não esqueça suas falas!"? Sua apresentação seria um fiasco e depois você ficaria se perguntando: "Por que isso aconteceu se eu disse a mim mesmo para NÃO ser um idiota?"

Quando você diz a si mesmo "Não fique nervoso! Não trema!", produz imagens mentais de você tremendo e gaguejando. Essas imagens são filtradas em seu subconsciente e programam seu cérebro para que você aja exatamente assim. E é isso que acontece! É assim que a mente funciona. Não há outro resultado possível.

Para discursar de forma confiante, você precisa se imaginar tendo uma performance maravilhosa *antes de sequer subir ao palco*. Aqui vai um detalhe que sabota muitas vidas. Todos os pais deveriam conhecê-lo, todos os professores deveriam

ensiná-lo e cada outdoor mundo afora deveria estampá-lo em letras garrafais: NÃO SE PODE DIZER À MENTE PARA **NÃO** FAZER ALGO. O SUBCONSCIENTE PRECISA DE UMA IMAGEM **DO QUE VOCÊ QUER**.

Quando você passa a vida inteira dizendo: "Não quero ser solitário", "Não quero ser gordo" ou "Não quero ficar sem dinheiro", enche seu cérebro de imagens do que você *não quer* – solidão, obesidade, pobreza – e é isso que alcança. É tudo o que sua mente consegue oferecer.

Pense em algo que VOCÊ QUER e você IRÁ EM BUSCA DAQUILO. Pense em algo que VOCÊ NÃO QUER e você TAMBÉM IRÁ EM BUSCA DAQUILO.

Seu subconsciente não entende "NÃO". Ele não sabe o que é "Eu não quero!".

Isso explica por que ter confiança é tão importante. Quando você está confiante, só forma imagens positivas em sua mente – de uma entrevista de emprego tranquila, de um exame de direção bem-sucedido, de um recital de piano que encanta a plateia. Quando você está confiante, não imagina tragédias, apenas histórias de sucesso – e com frequência você se sai bem. Você continua não sendo perfeito, mas se permite ter as melhores chances.

Para que sua memória funcione, você precisa se concentrar no que deseja. Quantas vezes você não falou "NÃO POSSO ESQUECER meu diário/ telefone/ passaporte" e os deixou no táxi? Sua mente se programou para esquecer. Quando você diz a si mesmo "Não quero esquecer meu livro", já tem meio caminho andado para passar o dia sem ele.

A força do pensamento positivo está justamente em imaginar o que se quer, em vez daquilo que se teme. O que você imagina é o que você alcança.

O que dizemos aos outros

Imagine que você seja um técnico de basquete e seu time esteja jogando a final do campeonato. O jogo está equilibrado – vocês estão apenas um ponto atrás do adversário. Faltando dois segundos para o fim da partida, seu ala recebe a bola e se prepara para arremessar. Então você se levanta e grita com toda a força: "Não erre essa!"

Isso ajudaria? De jeito nenhum! O jogador precisa imaginar *o que ele quer fazer.*

Muitas vezes os pais dizem aos filhos o que *não fazer* – "Não grite", "Não quebre o vaso de porcelana da sua avó", "Não vá cair da árvore". Quando você diz ao seu filho de 10 anos "Você pode brincar lá fora, mas não vá se machucar", já pode ir se preparando para uma visita ao hospital.

O que você deveria dizer? "Segure-se. Suba com cuidado."

EM POUCAS PALAVRAS

O que quer que você queira, imagine. Quanto mais vivamente você imaginar, mais fácil será realizar. Você pode mudar o que quiser.

"A empresa decidiu reconhecer sua contribuição!"

Estou estagnado neste emprego

Você alguma vez já se perguntou: "O que estou fazendo nesta porcaria de emprego?" Já se sentiu estagnado? Se você está infeliz ou frustrado no trabalho, seja você um limpador de vidraças ou um neurocirurgião, a melhor estratégia é: FAÇA O SEU MELHOR.

Por quê? Quando você faz o melhor que pode, você se sente em paz consigo mesmo. Seu sucesso na vida tem muito mais a ver com *como você se sente* do que com *o que você sabe*. A única forma de se sentir feliz no trabalho é dando tudo de si.

Além disso, quando dá o seu máximo, você:

- Desenvolve suas habilidades.
- Ganha uma boa reputação.
- Em algum momento, tem seu trabalho reconhecido e recebe uma promoção.
- Ganha confiança para procurar outro emprego se quiser.

Quando você se mantém concentrado e interessado, se torna um ímã para novas oportunidades – pessoas felizes e interessadas atraem outras pessoas felizes e interessadas. Fred diz: "Se eu tivesse um bom emprego, me dedicaria ao trabalho. Como meu emprego é horroroso, enrolo o máximo que posso." Não faça isso, Fred! Quando você dá o seu melhor sempre, a vida o guia para oportunidades melhores. Às vezes demora um pouco, mas acontece.

Mais uma coisa: oportunidades, ofertas de emprego – e relacionamentos amorosos – geralmente aparecem quando a gente menos espera. Na maioria das vezes, os avanços acontecem nas situações mais inesperadas. É a forma que a vida tem de nos lembrar de respeitar a todos. Também é sua maneira de nos dizer para manter a mente aberta.

EM POUCAS PALAVRAS

Pessoas de sucesso dizem a si mesmas: "Se eu aproveitar esta oportunidade ao máximo, aparecerá outra ainda melhor."

Comprometa-se

"Quando uma pessoa toma uma decisão, na verdade está mergulhando em uma correnteza poderosa, que a leva a lugares que ela sequer havia sonhado na hora de decidir."
– Paulo Coelho

Temos muito a aprender com as FORMIGAS! Encontre uma formiga que está trilhando seu caminho e coloque um tijolo na frente dela. O que ela vai fazer? Vai tentar passar por baixo, vai tentar passar por cima, vai tentar passar por dentro. Por quanto tempo ela vai tentar? Até morrer. Não é um pensamento impactante? *Tente até morrer!*

A maioria das pessoas simplesmente desiste. Pode ser da ginástica, da aula de piano ou da renovação do seguro de vida – elas desistem. Por um lado, isso pode ser uma ótima notícia. Significa que, se você quiser ser o melhor da sua área, nem precisa ser um gênio. Se aguentar por tempo suficiente, a concorrência irá desistir.

O alpinista que conquista o Everest é aquele que diz: "Eu vou conseguir." O que diz "Vou fazer o possível" ou "Vou tentar" tem grandes chances de voltar para casa mais cedo. O mesmo vale para o vendedor, o corredor de maratona ou o namorado. Para obter bons resultados, você precisa de concentração. A vida recompensa esforços, não desculpas.

EM POUCAS PALAVRAS
Quando você se mexe, o mundo também entra em movimento.

A história de Moya

Os velhos traziam suas calças com cheiro de urina para que eu trocasse os fechos. O fedor era tão forte que eu quase vomitava. Perguntava a mim mesma: "Como cheguei a este ponto?"

Eu havia lido sobre pessoas que "abriram falência", mas não sabia o que isso significava – e, de qualquer forma, pensava que nunca aconteceria comigo.

Antes de eu nascer, meu pai comprou uma propriedade espetacular. Tinha uma casa gigantesca, um terreno enorme e ficava num ponto privilegiado, bem no meio da cidade e cercada por praias em três lados. Meu pai transformou a casa num hotel, que, além dos quartos, tinha bares e uma boate.

Passei a infância vendo o hotel como "minha casa", um pedaço do paraíso com espaço de sobra para brincar. Eu era a mais nova de três filhos. Nadávamos pelo píer, remávamos em barcos e pescávamos camarões, caranguejos e todo tipo de peixe.

Se não pode vencê-los, junte-se a eles

Enquanto crescia, eu estava sempre rodeada por álcool. Beber era normal e ficar bêbado significava "estar feliz". Todos no hotel bebiam: meu pai e todos os amigos dele bebiam e minha mãe era alcoólatra. Ela tomava uma garrafa inteira de vinho toda noite. Quanto mais ela bebia, mais eu implorava por sua atenção.

Quando meu primeiro casamento acabou, comecei a beber para afogar as mágoas. Em pouco tempo me tornei uma alcoólatra sem controle. Quando não estava trabalhando, estava bebendo e meus filhos sofriam com isso. Fiquei cada vez mais deprimida, até que tentei me suicidar – primeiro com comprimidos, depois num rio. Mesmo quando me casei novamente, continuei fora de controle – meu marido, Rob, era violento, mas eu era pior!

Perdendo tudo

Meu pai trabalhara 50 anos para construir um negócio sólido. Eu amava trabalhar no hotel, tinha orgulho de fazer parte da equipe e me sentia segura por saber que ele sempre estaria lá – assim como nós.

Em 1982, meu pai passou a administração do hotel para os três filhos. A empresa não tinha dívidas e seus lucros eram suficientes para nos sustentar. Estávamos com a vida ganha.

Em 1993, estávamos falidos. Como um negócio tão próspero acaba falindo? Não importa de quem foi a culpa, mas as desculpas que nos demos foram:

- Muitos administradores com salários extravagantes.
- Muitos funcionários fazendo poucas coisas.
- Muito dinheiro desperdiçado em reformas.
- Nenhum controle do estoque.

E o fato de eu estar sempre bêbada também não ajudava!

De repente, em uma sexta à noite, o banco enviou seus representantes – oito homens chegaram com rádios em punho e se aglomeraram no hotel como uma equipe da SWAT, pelo bar e a cozinha, o restaurante e as lojas. Assistimos a

> “*Vendemos os móveis da sala de jantar para poder pagar as contas.*”

tudo com total incredulidade. Foi triste e vergonhoso. Eles exigiram as chaves da porta principal e do cofre.

Quando perdemos o hotel, Rob e eu também perdemos nossa casa, além de outro negócio que tínhamos: uma loja de roupas infantis. Meu carro também foi levado. Quando o oficial de justiça perguntou se eu possuía alguma joia, tentei desesperadamente esconder meu anel de noivado. Morri de vergonha.

Apesar de não termos fiadores, conseguimos alugar uma casa pequena. Permitiram que ficássemos com uma mobília básica. Rob pegou também suas ferramentas e eu peguei minha máquina de costura. As pessoas vinham nos cobrar, mas não havia nos restado nada. Além disso, tínhamos três crianças para criar.

Pouco a pouco

Vendemos os móveis da sala de jantar para poder pagar as contas. Além disso:

- Rob foi trabalhar empilhando tijolos.
- Passei a entregar roupas para a lavanderia da cidade.
- Comecei a limpar a lavanderia quatro vezes por dia.
- As crianças e eu nos tornamos entregadores de jornais.

Como eu sabia costurar, comecei a fazer reparos em roupas. Eu aceitava qualquer trabalho. Os velhos traziam suas calças com cheiro de urina para que eu trocasse os fechos. O fedor era tão forte que eu quase vomitava. Perguntava a mim mesma: “Como cheguei a este ponto?”

Pouco a pouco, fomos retomando o controle de nossas vidas. Nossa família conseguiu se unir como nunca havia acontecido antes:

- Estabelecemos objetivos.
- Definimos listas de afazeres e os dividimos.
- Fixamos um orçamento familiar.
- Parei de beber.

Como eu estava falida, não podia fazer empréstimos, então fiz um acordo com a minha cunhada, Diane, de comprar o carro dela e ir pagando aos poucos. Aprendi a ter responsabilidade. Por exemplo, quando não tinha dinheiro para pagar a conta de luz, em vez de ignorá-la eu ligava para a companhia e negociava um parcelamento que pudesse honrar.

Diane vendia cosméticos e, apesar de eu ser uma pessoa tímida, pensei: "Acho que posso fazer isso." Peguei dinheiro emprestado para comprar o kit inicial e fui para o centro da cidade distribuir folhetos. Fui de loja em loja. Conversei com as pessoas nas ruas. Meu plano era convencê-las a fazer uma "reunião" em sua casa para que eu pudesse vender os batons. No fim do dia, eu havia conseguido 12 reuniões. Eu ficava apavorada só de pensar em como conseguiria me apresentar às pessoas nesses eventos, mas sabia que estava no caminho certo.

Consegui mais clientes folheando a lista telefônica e ligando para desconhecidos. Eu trabalhava todos os dias e fazia cinco ou mais reuniões por semana. Toda vez que eu entregava o folheto, eu ligava depois para tentar fechar a venda. Sempre que prometia, eu cumpria. Algumas vezes eu dirigia por quatro horas para participar de um evento e ninguém aparecia! Mas meus amigos da empresa de cosméticos me davam apoio e inspiração. A cada mês minhas vendas aumentavam e comecei a me sentir realizada como nunca havia acontecido.

Por causa de meu desempenho, ganhei uma viagem de férias com direito a acompanhante aos Estados Unidos e à Malásia. Rob foi comigo. No Havaí, contei minha história para uma plateia de 2 mil pessoas. Como me senti orgulhosa! Na época em que fui à falência, as autoridades confiscaram meu passaporte. Por isso, cada vez que eu viajava, precisava fazer um novo – e entregá-lo às autoridades quando voltava. Ninguém poderia entender a estranha mistura de sentimentos que se passava dentro de mim. Eu me sentia animada durante a viagem e humilhada na volta.

As noites e os dias longos valeram a pena. Tornei-me diretora de vendas da empresa e, nos sete anos seguintes, ganhei três carros como prêmio.

Aos 46 anos, eu estava pronta para novos desafios e decidi me tornar corretora de imóveis. Eu não sabia nada sobre o assunto e fui reprovada no curso na primeira tentativa.

Mas não desisti. Consegui a licença e, no primeiro ano na empresa, fui eleita a melhor novata do estado. O mercado imobiliário ainda é recompensador para nós. Rob e eu continuamos a trabalhar duro.

Erros

Cometi mais erros do que a maioria das pessoas:

- Fui uma mãe ausente e uma esposa ruim.
- Entreguei-me à depressão.
- Contribuí para a falência de um negócio sólido.
- Fui alcoólatra.
- Tentei me matar.

Descobri quanto fui abençoada. Perder a empresa da minha família me forçou a crescer de uma forma que eu nunca havia imaginado. Sou amada por um homem maravilhoso há 28 anos. Apesar de nosso começo instável, agora somos uma família unida e tenho três netos maravilhosos. Atualmente temos uma boa casa de praia e alguns imóveis para investimento.

Hoje sou feliz e estou em paz comigo mesma. Conseguimos uma boa qualidade de vida. Não ter dinheiro é difícil. Passamos por maus bocados. Estou longe do álcool há 19 anos.

Mas eu não consigo mudar

Muitas pessoas dizem: "Mas eu não consigo mudar. Eu sou assim." Sucesso não tem a ver com inteligência, mas com determinação. Quando você não tem dinheiro, faz coisas que nunca faria se estivesse em uma situação confortável.

Moya nos contou:

- "Fiz uma lista dos meus objetivos de vida, o que me deu um motivo para ter esperanças."
- Eu fazia uma lista com todas as tarefas do dia e começava pela mais difícil. Era minha maneira de vencer o desânimo."
- "Vivi um dia de cada vez. De alguma forma, quando você se concentra no que tem, todo o resto parece se resolver."
- "Eu tinha um compromisso. Fazia o que precisava ser feito."

Qualquer que seja a sua situação, você pode fazer o mesmo.

A história de Dianne

Meu pai era um homem religioso e me alertou sobre o rapaz do carro chamativo que morava do outro lado da rua. Ele disse: "Jamais se envolva com aquele traste!" Mas "aquele traste" começou a me seguir do trabalho para casa. Um dia entrei no carro dele. Depois saímos uma noite. Aos 16 anos, eu estava grávida e casada.

O nome dele era Richard. Ele me bateu durante toda a gravidez. Algumas vezes eu revidava. Uma noite, o deixei inconsciente. Apesar das agressões, nosso primeiro filho, Terry, nasceu saudável. Mas nosso segundo filho, Heath, não. Ele chegou seis anos depois do primeiro e tinha hidrocefalia e outros problemas.

Ninguém acreditava que Heath fosse sobreviver. Ele precisava de fisioterapia e sucção a cada três horas e dormia em uma cadeira especial – os médicos alertaram que, se ele fosse colocado na horizontal, morreria. À noite Richard se embebedava, me batia, me colocava para fora de casa e levava Heath ainda bebê para a cama com ele. Eu ficava em pânico. Então esperava até que Richard caísse no sono, entrava em casa na ponta dos pés e salvava meu filho. Era um pesadelo constante!

Terry era bonito, atlético e popular. Tudo era fácil para ele. Heath era afetuoso e muito esperto para a idade dele.

Por milagre, o quadro de saúde de Heath se estabilizou após o primeiro ano de vida. Depois de sete anos infernais, me divorciei de Richard e a vida com meus meninos ficou maravilhosa.

Aos 12 anos, Heath ficou muito doente. Num dia ele estava competindo no campeonato de levantamento de peso ou numa corrida de bicicleta e no outro estava sendo submetido a uma cirurgia no cérebro. Muitas outras vieram depois dessa. Heath passou a maior parte da adolescência no hospital.

Terry era um bom menino, mas muito influenciável. Começou a beber aos 14, a fumar maconha aos 16 e depois a usar drogas pesadas. Eu o encontrava na sarjeta, sujo, vestindo a mesma roupa com que passara a semana inteira. Eu lhe comprava roupas novas, fazia com que ele tomasse um banho e se alimentasse e ele ia visitar o irmão no hospital. Depois disso, desaparecia. Uma semana depois, eu o encontrava de novo caído em algum canto da cidade e tudo se repetia.

Heath e eu sabíamos que ele poderia morrer a qualquer momento. Durante três anos eu praticamente morei no hospital.

Heath decidiu bem cedo que queria doar seus órgãos para ajudar outras crianças doentes. Ele dizia: "Podem pegar o que quiserem, só deixem meu cérebro. Já mexeram demais nele." Assinamos os formulários e, no alto das páginas, ele escreveu com letras grandes "Deixar o cérebro intacto". Aos 16 anos o quadro de Heath se agravou. Ele teve derrames e infecções, até que, 20 dias depois de seu aniversário de 17 anos, ele morreu em sua cama. Eu estava ao lado dele.

Chorei até não poder mais. Foi uma dor indescritível, mas tentei me concentrar nos aspectos positivos. Lembro-me de ter pensado no funeral: "Pelo menos ele ficou com o cérebro."

E então veio a notícia que me derrubou de vez: descobri que o hospital havia tirado o cérebro dele. Foi a gota d'água! Como podiam ter feito isso? Senti-me furiosa, ofendida, manipulada. Achei que tivesse decepcionado meu filho e entrei em depressão profunda.

Agora chega

Peguei um monte de remédios de Heath e tentei me matar. Coloquei cerca de 30 comprimidos na boca, mas, como aquele não era meu destino, uma amiga me ligou logo depois que os engoli. Ela me achou estranha e telefonou para um amigo em comum que morava próximo da minha casa. Fui levada para o hospital por uma ambulância. Mesmo contra minha vontade, sobrevivi.

O sofrimento nos leva a fazer coisas estranhas. Eu ia ao hospital só para andar pelas enfermarias à procura de Heath. Sabia que ele havia morrido, mas ia mesmo assim, só para ter certeza de que não estava lá.

Eu ainda estava triste pela morte de Heath quando meu ex-marido, Richard, caiu de um banco e morreu – de ataque cardíaco. Terry veio de outro estado para o funeral – nessa época ele tinha 26 anos, uma namorada estável, um filho e outro a caminho. No dia seguinte ao funeral, um policial bateu à minha porta.

Ele disse: "Lamento, senhora. Vim avisar à família que ele morreu."

"Eu sei que Richard morreu", respondi.

Então o policial falou: "Não, o homem que morreu se chama Terry."

"Terry não morreu", insisti. "Foi o *pai* dele."

O policial insistiu em me levar até o hospital, onde encontrei um grupo de amigos do Terry em prantos. Meu filho havia sido encontrado caído em um banheiro público. Uma overdose de heroína fizera seu coração parar.

Os meninos eram a minha vida. Sentia-me enganada, desnorteada. Eu havia me casado com um alcoólatra que nos batia. Tive um filho saudável e outro doente. Enterrei os dois. Sentia-me amaldiçoada. Eu dizia a mim mesma: "Ainda bem que não tenho outros filhos, ou agora eu estaria esperando

"No início, chegava a sentir uma dor física tão forte que parecia que meu coração estava sendo esmagado. Mas fui aprendendo a viver sem as pessoas que mais amava."

pela morte deles." Não me sentia culpada – não poderia ter feito mais nada –, mas não achava que merecesse continuar viva. Estava com raiva e arrasada, eu não tinha mais esperanças.

Tenho poucas lembranças da outra vez que tentei o suicídio. A polícia me encontrou perto de uma igreja, machucada e cheia de sangue. Estava sem alguns dentes e batia a cabeça contra a parede. Meu carro estava ali perto, com o motor ainda ligado e os faróis acesos. A polícia achou que eu tivesse sido atacada. Não tenho ideia de como cheguei lá, mas sei que não fui atacada. Eu mesma fiz aquilo. Passei uma semana internada em uma ala psiquiátrica e me deram alta na véspera do Natal.

Quando se está em depressão profunda, tudo exige um esforço imenso: até vestir-se parece uma missão quase impossível. Sempre que eu achava estar me recuperando, ouvia uma música que me lembrava dos meus filhos, ou via um rapaz da idade de Heath, ou passava por um carro igual ao de Terry, e voltava para o túnel negro. Sentia como se eu viesse escalando uma montanha havia anos e, toda vez que me aproximava do topo, alguém ou alguma coisa me puxava para baixo.

Durante anos passei meu tempo livre no cemitério, plantando flores e conversando com meus filhos. Foi um ritual que fez parte da minha cura.

Aos poucos, as coisas ficam mesmo menos difíceis. No início, chegava a sentir uma dor física tão forte que parecia que meu coração estava sendo esmagado. Mas fui aprendendo a viver sem as pessoas que mais amava. De alguma forma, você encontra uma maneira de seguir adiante – é como voltar a ser bebê: você reaprende a andar, a falar e a rir.

Lentamente comecei a me recuperar. Lentamente comecei a gostar de mim e a me sentir humana de novo. Voltei a acreditar que tinha o direito de estar viva, em vez de ser apenas a mãe que perdeu seus dois filhos.

Hoje me concentro nos bons tempos que passei ao lado de Heath e Terry. Sei que fui uma boa mãe. Fiz tudo o que pude por eles. Não me casei de novo. Ainda assim, estou sozinha, mas não sou solitária. Vivo em paz agora. Sou mais feliz e aproveito todo o tempo que posso com meus netos.

"Sei que meu marido é capaz de ser carinhoso e gentil. Ele é assim com o cachorro!"

9. Gratidão

"Se a única prece que você fizer em toda a sua vida for 'Obrigado', já será o suficiente." – Mestre Eckhart

Qual é a principal diferença entre as pessoas felizes e as infelizes? As pessoas felizes se concentram no que têm. As infelizes só veem o que está faltando.

Se você acordar todo dia procurando por defeitos e problemas, vai encontrá-los:

Em sua esposa – "Ela engordou."

Em seu carro – "Meu vizinho tem um Mercedes."

Em seu emprego – "Meu chefe não reconhece meu valor."

É uma fórmula infalível para fazer sua vida dar errado.

Mas, se a cada manhã você procurar razões para se sentir bem, vai encontrá-las:

Em sua esposa – "Ela é sempre sensata e me apoia em tudo."

Em seu carro – "É velho, mas nunca me deixa na mão."

Em seu emprego – "É graças a ele que posso sustentar minha família."

Quando você cria o hábito de procurar coisas boas todos os dias, vê que eles vão melhorando mais e mais. A vida ajuda quem escolhe a felicidade. *Decida* ser feliz com o mundo do jeito que ele é. Seja feliz com o que você tem. Procure pelo lado bom das outras pessoas e comemore o sucesso e a alegria delas.

Se uma pessoa fizer algo que o incomode, esforce-se para se concentrar nas qualidades dela – se sua esposa for preguiçosa e grosseira, por exemplo, você *não precisa fingir* que ela é gentil e trabalhadora. Concentre-se em outros aspectos e, com o tempo, ou ela irá mudar ou os defeitos dela terão menos importância para você.

Se seu salário é baixo, não tente se convencer de que está sendo bem remunerado, mas procure ver o que há de bom em seu trabalho. Quando você se sente melhor em relação a seu trabalho, acaba se destacando e atraindo mais oportunidades – seja na empresa em que você está ou em outra.

Toda vez que vir alguém que tem a vida que você gostaria de ter, diga a si mesmo: "Mais uma prova de que as coisas boas são possíveis!" Quando encontrar uma pessoa que esteja ganhando muito dinheiro, pense: "Se ele pode, eu posso também!"

Não pense "Serei grato quando minha vida melhorar", ou você nunca será grato a nada! Comece onde você está. Se você quer dar valor ao que tem, agradeça todos os dias.

EM POUCAS PALAVRAS
Toda vez que você diz "obrigado", mesmo que em silêncio, você fica mais forte e em paz.

Concentre-se no que você tem

Minha mãe tentou me ensinar sobre gratidão. Quando eu era criança, ela sempre dizia: "Faça uma oração, agradeça por ter pais que o amam, por ter comida, uma cama quentinha, por seus irmãos e todas as coisas que você tem e de que nem se dá conta."

Às vezes eu passava o dia reclamando de tudo e de todos, então minha mãe me dava uma tarefa. Ela me entregava papel e caneta e me mandava fazer uma lista das coisas pelas quais eu era grato. Obviamente, eu nunca escrevia nada – e não via qual o sentido daquele exercício. Se Deus existisse, por que precisaria do meu agradecimento? Eu podia aproveitar melhor meu tempo assistindo à televisão.

Anos depois, eu ainda não havia entendido a mensagem, mas felizmente minha mãe nunca desistiu de mim.

Em 1985, comecei um negócio como palestrante. Era uma franquia que oferecia um curso de fim de semana com foco em administrar o estresse, estabelecer metas e alcançar o sucesso. Abri uma filial na minha cidade e meu amigo Paul abriu uma em Sidney. Nossa primeira palestra aconteceu no mesmo fim de semana de maio.

Quatorze pessoas se inscreveram para meu primeiro workshop – a mesma quantidade de alunos com que Paul começou. Era o suficiente para cobrir os custos. Parecia ser um bom começo. Eu estava feliz. Um mês depois, fizemos a segunda apresentação. Eu tinha 12 alunos e Paul, 35. No mês seguinte, havia 11 pessoas em meu curso e, no dele, 60. No outro mês, eu tinha 10 alunos e ele, 100.

É constrangedor fazer um workshop sobre como *alcançar o sucesso* quando você está perdendo dinheiro. Fiquei desgostoso de tudo. Culpei a cidade, nossa campanha de marketing e o clima, culpei as pessoas que não faziam meu curso e as que faziam também. No final, culpei a mim mesmo – mas nada disso ajudou.

Foi quando minha mãe me deu o conselho que vinha repetindo desde que eu tinha 10 anos. "Concentre-se no que você tem. Seja grato pelas pessoas que estão com você", disse ela, e citou um trecho da Bíblia.

Eu estava frustrado mas sem ter mais a quem culpar. Então parei de ter inveja de Paul e de desejar ser o dono da franquia dele e decidi ser feliz com o que eu tinha. Fiz o melhor que pude com o que estava em minhas mãos.

Meu seminário seguinte teve 30 pessoas, o próximo teve 55, e as coisas começaram a mudar. Aqueles seis meses foram uma dolorosa aula sobre gratidão.

A gratidão é para seu próprio bem

Jesus, Buda, Maomé e tantos outros líderes espirituais nos ensinaram que devemos dar atenção às bênçãos que recebemos. Eles ensinaram que a forma como pensamos é importante e que devemos ser gratos.

Você talvez esteja se perguntando: "E como exatamente funciona essa história de gratidão?"

Meu ponto de vista é o seguinte: todos os seres humanos mais iluminados que já passaram pela Terra afirmaram que o mundo é perfeito. Suas palavras nos levam a entender que, quando sofremos, o problema não é com o mundo, mas com nosso pensamento.

Quando criticamos tudo e todos, não conseguimos encontrar a harmonia. A vida se torna uma luta e nós sentimos como se estivéssemos sempre no lugar errado na hora errada.

Mas quando procuramos enxergar a perfeição do mundo – ou seja, quando sentimos uma profunda gratidão pelo que temos –, entramos em harmonia com tudo. Quando estamos em harmonia, a vida flui melhor, as oportunidades surgem e nós ficamos mais relaxados e felizes.

Quando somos gratos pelo que TEMOS, nosso principal pensamento é: "Coisas boas vão continuar acontecendo", e é essa a experiência que vivemos. Quando você acorda todos os dias feliz por receber mais uma refeição e mais 24 horas com sua família, reafirma que tem uma vida abençoada, cercada de pessoas com quem você se importa. Quando você se concentra na riqueza de sua vida, ela continua chegando.

Nosso agradecimento é em benefício PRÓPRIO.

Quando conheci minha esposa Julie, percebi que, entre todas as suas muitas qualidades, havia um defeito: ela parecia não saber somar. Nunca sabia ao certo quanto ganhava ou quanto tinha na conta, o que devia e onde gastara o dinheiro. Apesar disso, sempre teve uma vida próspera. Julie é um exemplo vivo de que, quando o assunto é qualidade de vida, ter *gratidão e certeza de que a vida o abençoará* são mais importantes do que seguir a lógica matemática.

O Universo é generoso, mas se você se concentrar apenas no que não tem, conseguirá cada vez menos o que quer.

As pessoas que têm os relacionamentos mais belos e duradouros são as que lhes dão valor. As pessoas que têm vidas ativas e gratificantes são as que estão sempre felizes com o que a vida lhes reserva.

EM POUCAS PALAVRAS
Ter gratidão nos ajuda a manter o foco naquilo que queremos.

Obrigado, Julie

Este é um bom momento para eu dizer "Obrigado, Julie".

Julie tem sido minha editora há 15 anos. Antes disso, ela dirigiu uma agência de publicidade, teve uma loja de decoração de interiores e, mais recentemente, administrou seu próprio curso de capacitação profissional – todas experiências muito bem-sucedidas que ela levou adiante sem precisar da minha ajuda.

Ela deixou uma carreira promissora que amava para levar ao mundo nossos livros.

Por que alguém faria isso? Por que ela se tornaria editora, sabendo que faria um trabalho pesado que dificilmente seria reconhecido? O autor sempre fica com todo o crédito – e quando você é a esposa do autor, é ainda pior!

O que aconteceu em *Felicidade em tempos difíceis* foi o seguinte:

- Julie teve a ideia do livro e escolheu o título.
- Julie teve a ideia de incluir as histórias reais.
- Julie ficava acordada até tarde entrevistando todos os colaboradores – e manteve contato com todo mundo.
- Escrevemos o livro juntos – e depois Julie o editou.
- Julie agora dorme ainda menos para conseguir levar *Felicidade em tempos difíceis* para todo o mundo.

Julie sempre parece saber o que fazer. Quando eu não tinha ideia de por onde começar, ela definiu nosso rumo. Quando eu não sabia como dar continuidade ao livro, ela me orientou, sempre. Se *Felicidade em tempos difíceis* comoveu você, não escreva para mim. Conte para a Julie. Este livro só existe por causa da visão e da determinação dela. Obrigado, amor.

A história de Craig

Meu padrasto colocou minha mãe, minhas duas irmãs e eu para fora de casa quando eu tinha 12 anos. Saímos só com a roupa do corpo e fomos morar em um trailer. Tentamos voltar para casa uma vez, mas fomos expulsos de novo. Minha infância foi muito ruim.

Na adolescência, me sentia estranho e inseguro. Eu tinha ataques de pânico e permitia que as pessoas se aproveitassem de mim. Era no álcool que eu me refugiava da dor e procurava um pouco de confiança. Comecei a andar com um grupo em bares e boates – era minha forma de fazer parte de uma "família". Juntos usávamos cocaína, ecstasy, maconha e LSD.

Então meu melhor amigo, Anthony, foi diagnosticado como portador do HIV. Eu sabia pouco sobre a doença, mas decidi fazer os exames também, só por desencargo de consciência. Então o médico me disse: "Você é portador do HIV. Tem entre 5 e 10 anos de vida. Vá viver." Eu tinha 19 anos – e estava apavorado! Mas lembro-me de dizer a mim mesmo quando saí do hospital: "A Aids não vai me vencer... NUNCA."

Anthony foi soropositivo durante quatro anos antes de a AIDS se manifestar e sobreviveu só dois anos depois disso.

Ajudei a cuidar dele em seus últimos meses de vida. Sua morte me deixou arrasado e ainda sinto saudades de meu amigo.

Meu melhor professor

O HIV fez com que eu começasse a enxergar a vida e a mim mesmo de forma diferente. O livro *You Can Heal Your Life*, de Louise Hay, me ajudou muito nessa fase. Comecei a usar o poder das afirmações positivas.

Minha família tinha acompanhado tudo pelo que Anthony havia passado e eu não queria que se preocupassem comigo também, por isso levei 10 anos para contar que era portador do HIV. Eles ficaram arrasados quando souberam, mas me apoiaram, como ainda apoiam.

Minha vida mudou quando aprendi a me amar e escolhi perdoar as outras pessoas. Hoje me sinto bem em ser quem sou, tenho autoconfiança e não sou mais dependente químico. Aproveito as coisas simples da vida. Gosto de quem sou. Quando você está bem sendo quem é, você é feliz.

Sou soropositivo há 24 anos. Por mais estranho que pareça, acho que, sem o diagnóstico do HIV, eu já teria morrido. Eu me autodestruía. Talvez a esta altura alguém tivesse me encontrado morto em uma sarjeta.

Seis anos atrás, minha mãe foi diagnosticada com um câncer causado por exposição ao amianto. Os médicos disseram que ela teria 12 meses de vida. Ela ainda está aqui. Ela sempre me disse: "Deus nunca nos dá uma cruz mais pesada do que podemos carregar."

Atualmente venho me preparando para ajudar pessoas em situações parecidas com a que vivo. Minhas filosofias são:

- Não subestimar nada.
- Saber que dar é mais importante que receber.
- Acreditar que tudo é possível.

O HIV se tornou meu grande mestre e, no final, uma bênção em minha vida.

"Não consigo evitar – venho de uma família de aflitos."

10. Desapegue-se!

Quando você corre atrás de uma namorada, um namorado – ou mesmo de um cachorro – eles fogem! Por que isso acontece? Porque estamos correndo atrás deles, ora! Quando tentamos montar uma armadilha para manter uma pessoa em um relacionamento, ela não vê a hora de escapar. Mas quando você as deixa livres, não é incomum que elas voltem. Você sabe como funciona.

Você já passou semanas procurando por um apartamento sem encontrar nada que lhe parecesse habitável? Depois de não chegar a lugar algum, você se cansa e desiste – e nesse momento encontra. Logo depois de assinar o contrato de aluguel, surgem mais três apartamentos perfeitos sem que você sequer procure.

Você já ficou meses desesperado por um emprego – até que conseguiu um e de repente começaram a chover vagas. Ou já quis vender algo – um carrinho de bebê, um computador, uma geladeira – que ninguém parecia querer comprar até que você desistiu e doou para alguém. Depois, quando você não o tinha mais, surgiram dois compradores na mesma semana. Quantas vezes você já não ouviu dizer que um casal tentou por anos ter um filho e, depois que desistiu e adotou uma criança, a esposa ficou grávida? O que acontece nesses casos?

Quando não encontramos um emprego ou um apartamento, começamos a nos desesperar. Passamos a nos concentrar no que *não temos*. Quando nossos pensamentos são "Ai, meu Deus, não tenho onde morar", é essa a realidade que atraímos – *lugar nenhum para morar*.

Quando nossos pensamentos são "Não consigo encontrar um emprego/ um namorado/ uma passagem de avião", eles estão focados no que *está faltando* – e continuamos a criar e atrair essa experiência, a da falta de algo.

Assim que conseguimos o emprego/ o apartamento/ o namorado, nosso pensamento muda de "*Preciso* disso" para "*Tenho* o que preciso" – o que tem uma vibração totalmente diferente. "*Tenho* o que preciso" é seu estado mental mais poderoso, o pensamento ideal para que se tenha uma vida mais simples.

Fred diz: "Mas você não entende! Eu *não tenho* o que preciso! Serei feliz *quando tiver*." Entendo, sim, Fred, mas também compreendo que essa sua abordagem só causa decepção.

Você não precisa acreditar em mim se não quiser. Faça uma experiência. Passe um mês repetindo para si mesmo, diante de cada oportunidade: "*Tenho* o que preciso." Passe um mês dizendo: "Minha vida está se desenrolando perfeitamente." Você vai ver como sua vida vai dar cada vez mais certo. Não se preocupe em entender. Só continue fazendo o que dá resultado.

EM POUCAS PALAVRAS
O segredo da vida é sentir-se feliz, grato e contente *antes* de qualquer coisa.

Desapego

Desapego não é falta de interesse. É possível ser desapegado e mesmo assim ter muita determinação. As pessoas desapegadas e determinadas sabem que *esforço e excelência sempre são recompensados*. Elas dizem: "Se eu não ganhar dessa vez, ganharei na próxima."

Digamos que você se candidate a um emprego numa fábrica de computadores. Você está entusiasmado com a oportunidade e se prepara cuidadosamente. Anota o que vai falar na entrevista e ensaia na frente do espelho. Você até compra sapatos novos e corta o cabelo. No dia da entrevista, chega cedo e dá o seu melhor.

E depois disso? Você volta para casa e continua com sua vida. Você se matricula em alguns cursos. Planeja sua candidatura a outro emprego. Se for contratado pela fábrica de computadores, ótimo. Se não for, sua vida continua.

Pessoas desinteressadas dizem: "Quem se importa? Por que vou me preocupar?" Pessoas desesperadas dizem: "Se não conseguir isso, eu morro." Quando você é desapegado e determinado, você diz: "De um jeito ou de outro, vou conseguir – mesmo que demore um pouco."

EM POUCAS PALAVRAS
A natureza não entende nosso desespero. Ela busca o equilíbrio – e é impossível ser desesperado e equilibrado ao mesmo tempo.
A vida não precisa ser uma luta sem fim.
Deixe as coisas acontecerem. Não se trata de indiferença, mas apenas de não forçar a barra.
Tentar demais também é ruim!

Atraindo oportunidades

Caroline passou os últimos 40 anos administrando hotéis em todo o mundo – resorts nas ilhas próximas à Grande Barreira de Corais, hotéis no Himalaia e no norte da Tailândia e propriedades no porto de Sidney.

Mas vejam que curioso:

- Ela não é formada em turismo ou administração.
- Ela nunca se candidatou formalmente a um emprego.

Talvez você esteja pensando: "Eu ganho 5 reais por hora virando hambúrgueres na chapa e você vem me falar que existe uma mulher que fica trocando um emprego maravilhoso por outro ainda melhor?" Isso mesmo! Ela *nunca* ficou desempregada. Teve 14 cargos de gerenciamento em 40 anos e jamais se candidatou a nenhum deles. E não foi por sorte.

Por que Caroline atrai tantas oportunidades? Ela não tem medo de ficar desempregada. Não tem qualquer apego. Sua experiência no mercado de trabalho é diferente da experiência da maioria das pessoas porque seu pensamento é diferente do pensamento da maioria das pessoas.

Ela diz: "É uma doideira. Nem me considero tão maravilhosa assim no que faço, mas os empregos simplesmente aparecem. Tenho uma fé cega. Sei que o emprego certo vai sempre surgir no momento certo."

Uma das vezes em que Caroline foi contratada foi bastante singular. "Eu não me candidatei ao emprego e nem sabia que a vaga era minha! Passei cinco meses na Grécia e, enquanto estava lá, meu marido se candidatou ao emprego. Quando David se encontrou com os donos do hotel para uma conversa, tanto eles como meu marido acabaram achando que eu me encaixava mais no perfil da vaga. Assim que saí do avião, David disse: 'Que bom que você voltou para casa. Você começa a trabalhar amanhã!'"

Se você se hospedar em um dos hotéis de Caroline, vai perceber que ela ama sua equipe, cuida dos hóspedes e vive o momento. Aqui vai o segredo: não tenha medo e viva um dia de cada vez. Quando você se entrega ao momento, a vida dá certo.

O mundo não precisa mudar

O que a maioria dos passageiros faz assim que o avião toca o chão, antes de serem autorizados a soltar o cinto de segurança? Mesmo que a aeronave ainda esteja em movimento pela pista, eles destravam o cinto, pegam suas bagagens e vão se encaminhando para a saída. Não importa se ainda terão de passar os próximos 25 minutos esperando pelas malas que foram despachadas – eles estão com pressa! E porque todos estão tão apressados, você acaba correndo também. É um reflexo.

Passamos nossa vida pensando no futuro: "Assim que eu conseguir isso, assim que eu me tornar aquilo..."

Os gurus da autoajuda nos dizem *para viver o presente,* mas isso é realmente importante?

É, sim. Porque, quando você está feliz, entusiasmado e interessado, se conecta à força do Universo. Quando você está insatisfeito, distraído e deprimido, fica sozinho e desligado do mundo – e não consegue atrair nada melhor. O segredo para uma vida melhor é sentir-se bem *agora*, não na semana que vem, não quando seu namorado finalmente a pedir em casamento, ou quando for declarada a paz no Oriente Médio.

Isto é tudo o que há: viver cada momento. Aceite isso e sua luta terá fim.

EM POUCAS PALAVRAS

Sua vida vai funcionar à medida que você conseguir dizer:

- Não preciso de nada além deste momento.
- Não preciso impressionar ninguém e não preciso ser igual a ninguém.
- Sou o que sou.
- Tenho tudo o que é preciso para ser feliz.

A história de Jenny

Parei de estudar aos 15 anos, sem ter qualquer objetivo de vida. Quando eu tinha 22, uma amiga me disse: "Por que você não faz uma faculdade?" Aquela ideia nunca tinha passado pela minha cabeça. Para mim, faculdade era lugar para pessoas ricas e muito inteligentes. Mas me inscrevi no processo seletivo e, para minha surpresa, fui aprovada. Na faculdade, conheci o amor da minha vida: Alex.

> *"SURDO E CEGO? Pensei em matar meu filho e depois me suicidar."*

Alex era talentoso, interessante, envolvente e amante de música. Infelizmente, também tinha duas outras paixões: vodca e drogas. Alex me agredia com palavras e fisicamente. Eu inventava desculpas para mim mesma. Dizia: "Ele veio de outro país, teve uma criação muito rigorosa, ninguém entende seu temperamento artístico."

Tivemos dois filhos: um menino, Jex, e uma menina, Marli. Depois de oito anos – para o bem da minha saúde física e mental –, fui embora levando meus filhos, enquanto eles ainda eram pequenos.

Quando Jex tinha 4 meses de vida, comecei a desconfiar que ele tivesse problemas auditivos. Era Natal e meu tio estava tocando gaita. A família inteira tapou os ouvidos, tão desafinada era a música, mas Jex sequer fez careta.

Depois de alguns exames, os médicos confirmaram que ele era totalmente surdo. A surdez não me perturbou. Eu só queria fazer o que fosse preciso para ajudar meu filho a se comunicar. Nós dois aprendemos linguagem de sinais e, aos 3 anos, ele já era fluente. Também era uma criança extremamente feliz e muito ativa.

O diagnóstico seguinte, no entanto, acabou comigo. Jex estava ficando nervoso e frustrado na escola. Aos 7 anos, eu o levei para fazer alguns exames e ele foi diagnosticado com síndrome de Usher. Os médicos disseram: "Ele vai perder grande parte da visão. Talvez toda ela." SURDO E CEGO? Como ele poderia usar a linguagem dos sinais? O que seria dele?

Meu mundo caiu. Cheguei a passar pelas fases do luto: negação, raiva, negociação, depressão. Pensei em matar meu filho e depois me suicidar.

Os médicos diziam que não havia chance de que ele voltasse a ver. Mesmo assim, tentamos de tudo. Fitoterapia, acupuntura, cinesioterapia. Até a curandeiros nós fomos e começamos a usar suplementos vitamínicos.

Então veio outro golpe: a confirmação de que Jex tinha síndrome de Tourette – uma doença que causa espasmos musculares e verbalizações involuntárias. Quem tem essa doença não consegue controlar seus movimentos ou palavras. Jex não conseguia – mas as crianças da escola não entendiam e ele se sentia pior.

Olhando o lado bom

Eu acordava às três da manhã, sempre preocupada com Jex. "O que vai acontecer com ele?" Pensar no futuro era avassalador.

Eu precisava dar um jeito de me concentrar no presente, por isso:

- Comecei a procurar o lado bom das coisas na minha vida. Toda noite eu fazia uma lista de tudo de bom que havia acontecido comigo naquele dia.
- Passei a me lembrar a todo instante de me manter no momento presente.
- Passei a fazer exercícios físicos regularmente e a dar mais atenção à minha vida social.
- Comecei a meditar.

De alguma forma eu precisava ACREDITAR que Jex ficaria bem. Eu dizia a mim mesma: "Jex ainda pode ter uma vida de qualidade. Ele pode desfrutar da boa gastronomia e de massagens. A comunicação vai ser mais restrita, mas ainda será possível." Conforme Jex perdia a visão, ele ia se adaptando, e meus medos foram diminuindo gradualmente.

Eu só precisava deixar que as coisas acontecessem. Quando Jex entrou para o ensino médio, foi morar com dois rapazes surdos incríveis, e um deles também tinha síndrome de Usher. Eles se tornaram amigos e mentores de Jex e ajudaram muito em nosso processo de aceitação.

Desde que terminou os estudos, Jex está muito mais calmo e feliz – mas não é nenhum anjo! Ele tem mais hobbies do que muitos rapazes de 19 anos. Estuda técnicas agrícolas por conta própria e cuida de sua horta. Faz meditação e adora levar o cachorro para passear na praia. Tem amigos e utiliza o transporte público quando sai para encontrá-los. Adora cozinhar, nadar e desenhar. E pinta – uma vez cheguei do trabalho e vi que Jex havia pintado seu labrador com as cores de seu time de futebol.

Jex tem certificado de mergulho em mar aberto. Já nadamos com tubarões, passeamos em um balão de ar quente, fizemos mochilão pela Ásia. Jex é apaixonado por computador. É um gênio da informática e dos jogos eletrônicos. O mundo dele é global. Ele conversa on-line com amigos do Canadá, da Indonésia, da Nova Zelândia – normalmente com quatro ou cinco ao mesmo tempo.

Atualmente Jex e a namorada, Kirsty, estão pensando em morar juntos. Kirsty é a razão e Jex é a diversão!

Quanto a mim, conheci um homem maravilhoso, David, que também é surdo. Jex o adora. Eu o adoro. Sou amada e abençoada! Passei por muita coisa, mas tudo muda. O que é insuportável hoje vai ter uma saída amanhã. A vida dá um jeito.

É SÓ
PEDIR!
©MATTHEWS

11. Peça ajuda

As pessoas que alcançam seus objetivos deixam claro o que querem. Vale a pena pedir!

- Se você quiser fazer um acordo, peça.
- Se você quiser um emprego, peça.
- Se você quiser um encontro, peça.
- Se você estiver passando por momentos difíceis e precisar de ajuda, peça.

Temos muito a aprender com as crianças. Elas são muito boas em pedir e não desistem. "Compra um sorvete para mim? A Sophia está tomando sorvete. Eu também posso? Me dá um sorvete?"

Por que as crianças são tão boas em pedir? Porque elas sabem exatamente o que querem e se sentem bem com elas mesmas. Pessoas com autoestima positiva conseguem pedir aquilo que querem. Quando pedimos algo, precisamos nos sentir bem, porque:

Para ter uma vida boa, você precisa sentir que a merece. À medida que você pede – e recebe –, desenvolve uma expectativa positiva e permite que a vida continue a abençoá-lo.

Pedir é importante para sua saúde. Quando você não pede, normalmente é ignorado, deixado de lado. Isso leva à frustração e àquela sensação de nó na garganta. Sempre que você não expressa o que sente, seu corpo padece.

Pedir é a forma mais lógica de mostrar a Deus, ao seu chefe, à sua família e aos seus amigos o que você quer.

Muitas pessoas estão mais do que dispostas a ajudar se perceberem que você precisa e já está fazendo tudo o que está a seu alcance. Ao pedir ajuda, você dá a alguém o prazer de ajudá-lo. Sob esse aspecto, não conseguir pedir ajuda chega a ser egoísmo. Se você gosta de ajudar as outras pessoas, dê-lhes a mesma oportunidade!

Dicas sobre pedir

Espere que as pessoas digam "sim"

Se você acha que seu pedido será negado, ele será. Tudo depende da sua postura e da sua linguagem. Como você acha que as pessoas responderiam às seguintes perguntas:

"Você não quer comprar um?"
"Não, não quero."

"Você não pode me ajudar, pode?"
"Não, não posso."

"Você não pode me colocar na primeira classe?"
"Está maluco?"

Perceba a diferença:

- "Gostaria de ter um desses?"
- "Você pode me ajudar?"
- "Por favor, gostaria de ficar naquele assento vago na primeira classe."

Seja claro com relação ao que quer

Se você disser exatamente o quer, há uma grande chance de conseguir. Ser claro ajuda a conquistar a atenção das pessoas. Por exemplo: "Preciso de uma hora do seu tempo no sábado de manhã. Você pode me encontrar às 10h30?" ou "Gostaria de receber um aumento de mil reais."

Insista

Imaginemos que o sonho de sua vida seja namorar Tânia. A primeira vez que você a convida para sair, ela diz que não. Nas sete vezes seguintes, "Não". Na nona vez, ela finalmente diz: "*Vamos!*" Vocês têm uma noite maravilhosa, Tânia fica encantada, vocês se casam e vivem felizes para sempre.

Por que ela acabou aceitando o convite? Talvez porque:

- tenha percebido que você falava sério
- você a tenha convidado quando ela estava de bom humor
- o namorado tivesse terminado com ela
- ela tenha pesquisado um pouco sobre você

• sua abordagem tenha sido melhor
• ela tenha gostado de sua persistência
• ela tenha simplesmente mudado de ideia

Há milhares de razões para que um "não" se torne um "sim".

Pedindo orientação

Qualquer um pode receber orientação e ajuda espiritual. Não é preciso fazer parte de uma igreja ou grupo religioso. Cada um de nós pode receber ajuda de uma fonte superior. Tanto faz se você a chame de *Deus, Universo* ou *Sabedoria Infinita*. O importante é que você peça e ouça *com seriedade*. Esse tipo de comunicação é como a comunicação normal entre as pessoas. Para receber ajuda, você precisa estar aberto para isso.

Imagine que eu queira chegar à rodoviária e que o pare no meio da rua dizendo: "*Você pode me dizer como chegar à rodoviária? Na verdade eu conheço o caminho e já fui lá sem precisar perguntar a ninguém e tenho boas razões para estar aqui e não lá e não preciso da ajuda de ninguém, mas estou curioso para ver se você sabe tanto quanto eu, mas tanto faz, porque posso chegar sozinho de qualquer maneira...*"

Você conseguiria me ajudar a chegar à rodoviária? Provavelmente, não. Fiquei justificando todas as minhas ações. Já tinha todas as respostas e não lhe dei ouvidos. Meu ego ficou no caminho.

Mas imagine que eu estivesse vagando pelas ruas há três dias e fosse até você morrendo de sede e cansaço e perguntasse: "Como chego à rodoviária?" Agora eu realmente demonstrei que preciso dessa informação. Não fiquei dando desculpas nem me preocupei com o que você fosse pensar de mim. Meu ego não foi um obstáculo. Não opus qualquer resistência. Agora posso ouvir. Agora você pode me ajudar.

No dia a dia, só conseguimos receber ajuda quando estamos abertos a isso. O mesmo vale em relação à ajuda interior, à inspiração, à intuição. Você precisa se ajoelhar antes de receber uma iluminação? De jeito nenhum. A MANEIRA MAIS FÁCIL DE RECEBER INSPIRAÇÃO É SENDO FELIZ E GRATO. É assim que a vida flui melhor, que recebemos ideias quando elas são necessárias e ajuda quando mais precisamos.

EM POUCAS PALAVRAS
Tanto faz se você for cristão ou muçulmano, budista ou espírita, ateu ou xintoísta. Qualquer que seja a sua fé, você pode pedir ajuda e consegui-la.

Vou ouvir uma voz vinda do céu?

Quando você está sobrecarregado e nervoso, a melhor estratégia é dizer: "Por favor, mostre-me o próximo passo." Se você for humilde o bastante e aberto o bastante para dizer "Apenas me mostre o que preciso fazer hoje" e pedir a mesma ajuda amanhã, poderá encontrar uma saída.

Digamos que você esteja totalmente sem dinheiro. Você perdeu o emprego, sua despensa está vazia, seu carro foi tomado pelo banco e o dono da casa onde você mora está prestes a despejá-lo. Você não vê saída e por isso decide pedir ajuda divina. Para você, a única solução possível parece ser ganhar na loteria – mas sempre há outras possibilidades. É bastante provável que a ajuda venha progressivamente. Receber ajuda não significa que *tudo será consertado para nós*. Receber ajuda significa ter assistência e orientação.

Peça e receberá, mas normalmente não será de uma voz vinda dos céus. Pode ser que um amigo telefone e lhe dê uma sugestão útil, pode ser que você leia algo importante em um livro ou num artigo de revista. Pode ser que, por nenhuma razão, você ligue a tevê em um canal a que nunca assiste e veja um anúncio que nunca viu antes.

Você diz: "Meu maior problema é que nem sei o que quero!" Então peça ajuda. Peça inspiração e continue a pedir: "Preciso saber o que quero! *Mostre-me* o que querer!" As respostas virão.

Muitas vezes recebemos ajuda e nem percebemos. "Não foi inspiração divina, foi o meu tio Antônio que apareceu de repente", dizemos. Mas a verdade é que seu tio foi o instrumento de um processo milagroso.

EM POUCAS PALAVRAS
Quando pedimos, encontramos ajuda e orientação. Ao fazermos do agradecimento silencioso um hábito, a ajuda e a orientação virão cada vez mais frequentemente.

Encontrando respostas

Quantas vezes você perde alguma coisa – as chaves, a carteira, o telefone – e procura desesperadamente sem conseguir encontrar? Então você desiste e diz a si mesmo: "Se eu parar de procurar, vou encontrar." Você simplesmente deixa a busca de lado e vai fazer outra coisa. Alguns minutos depois, sem qualquer motivo especial, você mexe em uma almofada na sala e então, atrás dela, está o que você procurava.

O segredo para encontrar soluções em sua vida tem muito a ver com o processo de encontrar a carteira. Você diz a si mesmo: "Quero encontrar, vou encontrar" e então para de bater a cabeça contra a parede. Você deixa as coisas como estão.

Querer *versus* necessitar

Querer é uma parte importante do processo. Mas deve acontecer de um jeito mais leve, não como uma necessidade desesperada. Aqui vai uma distinção importante: *NECESSITAR* É TOTALMENTE DIFERENTE DE *QUERER*.

Necessitar representa um *desespero incontrolável*. Quando você necessita alguma coisa, sua atenção se volta para aquilo que lhe falta. E, quando você se concentra apenas no que não tem, continua não tendo.

Querer representa uma *previsão de felicidade*. Quando alguém quer alguma coisa, está concentrado no que *terá*. E é por isso que consegue.

Muitos compositores e inventores costumam dizer: "A ideia simplesmente surgiu em minha cabeça." E aí você pensa: "Como é que essas ideias brilhantes não surgem na *minha* cabeça? Eu gostaria de criar alguma coisa! Gostaria de escrever uma música de sucesso." Quando você quer mesmo ter ideias, elas vêm até você.

Paul McCartney, o ex-Beatle e compositor da música mais gravada do mundo, disse que a melodia de "Yesterday" veio até ele em um sonho. Você diz: "Que cara de sorte! Ele tira um cochilo e acorda escrevendo a música mais famosa de todos os tempos. Pudera eu fazer isso!" Mas não foi só isso. Estamos falando de um homem que dedicava todo o seu tempo a compor belas músicas. Ele passou a vida combinando palavras, expressões e melodias. Quando você quer alguma coisa tanto assim, você tem inspiração.

A outra parte da história é que ele levou *meses* escrevendo aquela canção. Às vezes a inspiração resolve tudo e às vezes precisamos arregaçar as mangas.

O segredo para achar soluções – nos processos criativos, para problemas financeiros e nos relacionamentos – tem dois lados. Você precisa *querer* e sua mente precisa estar *aberta* para receber o que vier.

Alcançando objetivos: é mais importante *querer* ou *acreditar*?

Em 2004, Alicia Sorohan estava acampando em uma área remota no norte da Austrália quando um crocodilo de 4,2 metros e 300 quilos arrastou sua amiga da barraca ao lado. Alicia se jogou nas costas do animal e agarrou sua cabeça. Foi mordida na luta, mas conseguiu salvar a amiga. Por sorte, seu filho chegou a tempo e atirou no crocodilo.

Imagine que alguém entrevistasse Alicia no momento em que ela se jogava em cima do réptil: "Alicia, você pesa 50 quilos. Como vê suas chances de lutar com um crocodilo de 300 quilos que deve ser um dos predadores mais bem-sucedidos desta região nos últimos 250 milhões de anos?" Ela provavelmente diria: "Acho que minhas chances não são muito boas." Mas Alicia *queria tanto* salvar a amiga que conseguiu.

Conhecemos histórias de mães que ergueram carrocerias de caminhões para salvar seus filhos da morte. Elas não acreditavam racionalmente que fossem capazes de levantar um caminhão, mas *quiseram tanto* que acabaram fazendo.

Por isso, às vezes, para alcançar um objetivo, *querer* é o suficiente.

E se você *acreditar* em alguma coisa mas *não quiser*? Fred fica gripado toda vez que sai de férias. Não é o que ele deseja, mas sua crença inabalável faz com que isso aconteça repetidamente. Susie acredita que seu marido está tendo um caso. Ela não quer isso, mas se acreditar por muito tempo, vai acontecer. Podemos conseguir algo mesmo se não quisermos.

Para alcançar um objetivo, a melhor combinação é querer e acreditar.

A história de Greg

Tive muita sorte...

Minha mãe era alcoólatra e meu pai não se interessava por nada.

Meus dois irmãos mais velhos, Jim e Don, eram traficantes e viciados em heroína. Don foi assassinado e Jim morreu por causa do uso de drogas.

Meus pais se separaram quando eu tinha 13 anos e fui morar com minha mãe em um trailer. Dos 15 anos em diante, eu passava a maior parte do tempo sozinho.

Por que digo que tive sorte? Porque aprendi muito sobre a vida. Minha família era o melhor exemplo de COMO NÃO VIVER. Meus pais e meus irmãos eram minha motivação para um futuro melhor. Eu *tinha sorte* – mas boa sorte não significa um começo fácil.

Meus pais dormiam em quartos separados e nunca falavam um com o outro. Eu imaginava que aquilo fosse normal.

“Minha família era o melhor exemplo de COMO NÃO VIVER.”

Quando eu era bem pequeno, meus irmãos eram meus heróis. Quando eles entraram para o mundo das drogas e do crime, fiquei decepcionado, de coração partido – e com medo. Traficantes iam à nossa casa cobrar dinheiro deles. Lembro-me de quando o assassino de aluguel da área foi nos fazer uma visita. Fiquei espiando da janela do meu quarto e o vi com meu irmão no jardim. Ele estava com uma machadinha na mão e de repente acertou a cabeça de Don em cheio. Meu irmão caiu e uma piscina de sangue se formou ao redor dele.

A polícia também nos fazia visitas regulares, normalmente para prender meus irmãos. Jim e Don entravam e saíam da cadeia por arrombamento e tráfico de drogas. Eu morria de vergonha sempre que eles apareciam nos jornais ou que eu ia visitá-los na prisão.

Quando eu tinha 15 anos, minha mãe já havia desistido da vida. Ela ficava na cama durante semanas. “Você já é grandinho o bastante para se virar”, ela dizia. Eu fazia todo o possível para cuidar dela. Também fazia o que estava a meu alcance para ajudar meu pai, que na época estava com um tumor no cérebro. Meu pai insistia em dizer que estudar era perda de tempo, mas eu continuava frequentando as aulas. Eu me sustentava trabalhando em um restaurante como ajudante de cozinha e entregador.

Meus objetivos de vida eram baseados no que a minha família *não era*. Eu queria:

- ser mais feliz que meus pais
- ser mais saudável que meus irmãos
- me tornar um marido dedicado e um pai carinhoso
- ir para a universidade em vez de ir para a cadeia

Desistir e colocar a culpa neles teria sido mais fácil – mas a um preço alto demais. Sigo uma filosofia simples que me ajudou bastante: *se o que você está fazendo não está funcionando, tente outra coisa. Você não está derrotado até que desista.*

No dia em que recebi meu diploma universitário, estava tão orgulhoso que meus pés mal pareciam tocar o chão. Hoje sou um químico industrial, tenho uma esposa maravilhosa e dedicada e duas filhas lindas e saudáveis – uma tem 7 anos e a outra está prestes a completar 11. Somos uma família unida.

Apesar de ter alcançado meus objetivos, eu guardava muita mágoa de meu pai por sua falta de interesse e de meus irmãos por serem tão idiotas. Então, em 2008, decidi prestar uma homenagem a eles. Minha esposa e minhas filhas, meu sogro, minha sogra e eu fomos até os túmulos deles e eu falei sobre as coisas boas que cada um deles havia conquistado. Contei à minha família quanto eu amava meu pai e meus irmãos e por que os amava. Chorei como nunca havia chorado antes. Foi um grande alívio me desligar de toda aquela raiva. Senti que tirei um peso enorme das minhas costas e do meu coração. Saí de lá me sentindo leve e muito, muito mais feliz.

Todo dia agradeço por tudo o que tenho.

©ANDREW MATTHEWS

12. A importância de ser feliz

Na feira perto de nossa casa, há uma jovem tailandesa que vende sobremesas asiáticas em uma barraquinha. Ela é tão entusiasmada com seu doce de arroz que você tem vontade de comprar, mesmo que vá levá-lo para casa e deixá-lo na geladeira. Você fica feliz só em comprar.

A jovem nem precisa chamar os clientes. Ela é tão alegre que seu sorriso age como um ímã. Por isso nós compramos seu doce toda sexta-feira e o jogamos fora na semana seguinte.

O que é possível fazer para mudar nossas vidas? Vejamos a questão por um ângulo diferente. Na escola aprendemos que há três reinos na natureza: animal, vegetal e mineral. Em resumo:

- Mineral – por exemplo, pedras e rochas. É o reino menos emocional e menos excitável. As pedras são feitas de energia densa de movimento lento. Ou seja, ser uma pedra é ter uma existência bastante chata.
- Vegetal – as plantas. Elas têm uma vida mais interessante do que a das pedras. Plantas têm uma vibração melhor. Cientistas já comprovaram que um repolho é capaz de sentir alguma "emoção". Portanto os repolhos crescem melhor quando conversamos com eles.
- Animal. São seres mais emocionais que as plantas e, portanto, têm também maior vibração. A vida de um porco é mais interessante que a de uma cenoura. Porcos aprendem, porcos fazem sexo, têm uma existência mais ativa.

O padrão aqui é o seguinte: quando você tem uma vibração maior, você faz mais coisas acontecerem. Obviamente, os humanos vibram mais do que as pedras, as plantas e os porcos, então suas vidas têm mais movimento. Você já vai entender aonde quero chegar.

Pergunta: Que *tipo de pessoa* fica no mesmo lugar?

Resposta: As pessoas sem emoção.

Por quê? Você é um ser vibrante em um universo vibrante. Através de seus pensamentos e vibrações, você se conecta com tudo ao seu redor. Por meio de seus sentimentos, você atrai oportunidades. A emoção é a força motora por trás de suas intenções.

Pessoas sem emoção são como carros sem gasolina – elas não têm movimento! Por isso as pessoas que nunca se animam ficam estagnadas. Quando você tem o entusiasmo de uma pedra, é uma vida de pedra que recebe em troca. Você já deve ter conhecido pessoas que parecem não ter qualquer ligação com o mundo ao redor. Só o que dizem é: "As coisas são muito difíceis. Nada de bom acontece." E elas têm certa razão. Na vida delas, quase nada acontece – mas são elas mesmas o motivo de não acontecer.

Então que tipo de pessoa faz o maior progresso em menos tempo? Aquela que:

- sabe o que quer
- acredita que merece o que quer
- é feliz e animada

E quem age assim? As crianças.

Veja como é perfeito! Quando você era criança, não precisava que ninguém lhe dissesse nada disso. Você chegou ao mundo munido de todas as ferramentas necessárias para criar e seduzir. Quando seguimos nosso lado criança, a vida se move mais depressa.

- Aos 2 anos as crianças sabem o que querem.
- Aos 2 anos as crianças acreditam que são bonitas e merecedoras de tudo.
- Aos 2 anos as crianças são cheias de alegria e emoção.

Veja como tudo faz sentido. Quando você está entediado, desmotivado e sem saber o que quer, fica estagnado – porque os pensamentos sem emoção não têm poder! Ao redescobrir seu entusiasmo e sua EMOÇÃO, a vida acelera.

PESSOAS FELIZES NÃO SÃO FELIZES POR SEREM BEM--SUCEDIDAS. SÃO BEM-SUCEDIDAS PORQUE SÃO FELIZES.

Você deve se lembrar de épocas felizes na sua vida quando tudo dava certo. Provavelmente conhece pessoas felizes que levam vidas abençoadas fazendo o que amam, passando de uma experiência maravilhosa para outra.

Isso não é sorte.

Há 20 anos, escrevi o livro *Seja feliz!*. Na época eu acreditava que a felicidade era um objetivo que valia a pena. Mas aprendi uma coisa que não sabia então:

A FELICIDADE – *SENTIR-SE BEM* – É NOSSO OBJETIVO MAIS IMPORTANTE.

Cada pessoa cria sua vida de acordo com o que sente. Quando você *se sente bem*, fica em harmonia com o mundo. Ao enfrentar desafios, você encontra soluções. Consegue estar sempre no lugar certo na hora certa. Não se trata de seu QI, de ser santo ou pecador. Trata-se de como *você se sente.*

Sua missão é sentir-se *o melhor possível o máximo de tempo possível.* Estes hábitos ajudam:

1. Goste de si mesmo:
Seu relacionamento mais importante é com você. Quando você se critica constantemente, prejudica a própria qualidade de vida. Mas quando gosta de si mesmo, se permite ser mais feliz, mais saudável e mais próspero. Seja gentil com você.

2. Seja flexível:
Tentar controlar o mundo e julgar todas as pessoas é cansativo demais. Não lute contra *o que já passou.* Aproveite a vida.

3. Concentre-se no que você quer:
Imagine-se como você quer ser, visualize-se como você quer.

4. Relaxe com relação ao dinheiro:
Dinheiro é como cachorro – quando você corre atrás dele, ele foge. Se você acredita que ele não gosta de você, ele o ataca. Quando você fica confortável com ele, ele pula em seu colo.

5. Seja grato:
Mesmo que você não tenha muito, concentre-se no que tem e receberá mais. Procure as coisas boas, sempre. Você será feliz quando a gratidão se tornar um hábito.

As pessoas dizem: "Quando eu conseguir o que quero, serei feliz." Mas elas estão indo na direção errada.

Quando você é feliz, você consegue o que quer.

CONHEÇA OUTRO TÍTULO DO AUTOR

Felicidade em poucas palavras

Andrew Matthews

Manter uma atitude otimista diante dos desafios do cotidiano é a chave para quem está em busca de mais tranquilidade. Viver feliz não é um sonho impossível. Segundo o autor, isso só depende de determinação e condicionamento positivo. Sua capacidade de alcançar a felicidade é ilimitada, basta se programar para conquistá-la. Essa é a principal mensagem desse livro alto-astral, cheio de frases inspiradoras e ilustrações bem-humoradas.

Andrew Matthews mostra como evitar os pensamentos negativos e criar espaço para a harmonia, o bem-estar e uma interação mais saudável com o mundo. Suas dicas nos ajudam a enfrentar as adversidades com o máximo de calma e perseverança, mostrando que o universo está sempre a nosso favor.

Você verá que nunca é tarde para dar o primeiro passo em busca da felicidade. Descubra um novo modo de encarar as dificuldades, e terá um dia a dia mais feliz.

CONHEÇA OUTRO TÍTULO DA EDITORA SEXTANTE

Escolha ser feliz

Stephanie Dowrick

A mensagem desse livro é bastante clara: você pode ser mais feliz. Por meio de suas escolhas, também pode levar mais felicidade às pessoas com quem convive.

Entender e utilizar esse poder de escolha, valorizar suas experiências, fortalecer uma noção verdadeira de respeito, gratidão e consideração pelos outros não só dão um novo sentido à sua vida como também proporcionam estabilidade e segurança.

O primeiro passo nesse processo é conhecer melhor a si mesmo, descobrindo os valores mais importantes para você e como suas atitudes o aproximam ou distanciam deles.

Por meio de conceitos simples e exemplos do dia a dia, a psicoterapeuta Stephanie Dowrick ensina que só depende de você realizar as mudanças necessárias para desenvolver o amor-próprio e tornar seus relacionamentos mais saudáveis.

Seja qual for seu passado, você pode ser mais feliz se cultivar a generosidade, o entusiasmo e a criatividade, se souber admirar e compreender as diferenças e se for capaz de manter a confiança mesmo em situações indesejáveis.

CONHEÇA OS CLÁSSICOS DA EDITORA SEXTANTE

1.000 lugares para conhecer antes de morrer, de Patricia Schultz

A História – A Bíblia contada como uma só história do começo ao fim, de The Zondervan Corporation

A última grande lição, de Mitch Albom

Conversando com os espíritos e *Espíritos entre nós*, de James Van Praagh

Desvendando os segredos da linguagem corporal e *Por que os homens fazem sexo e as mulheres fazem amor?*, de Allan e Barbara Pease

Enquanto o amor não vem, de Iyanla Vanzant

Faça o que tem de ser feito, de Bob Nelson

Fora de série – Outliers, de Malcolm Gladwell

Jesus, o maior psicólogo que já existiu, de Mark W. Baker

Mantenha o seu cérebro vivo, de Laurence Katz e Manning Rubin

Mil dias em Veneza, de Marlena de Blasi

Muitas vidas, muitos mestres, de Brian Weiss

Não tenha medo de ser chefe, de Bruce Tulgan

Nunca desista de seus sonhos e *Pais brilhantes, professores fascinantes*, de Augusto Cury

O monge e o executivo, de James C. Hunter

O Poder do Agora, de Eckhart Tolle

O que toda mulher inteligente deve saber, de Steven Carter e Julia Sokol

Os segredos da mente milionária, de T. Harv Ecker

Por que os homens amam as mulheres poderosas?, de Sherry Argov

Salomão, o homem mais rico que já existiu, de Steven K. Scott

Transformando suor em ouro, de Bernardinho

INFORMAÇÕES SOBRE OS PRÓXIMOS LANÇAMENTOS

Para saber mais sobre os títulos e autores
da EDITORA SEXTANTE,
visite o site www.sextante.com.br
ou siga-nos no Twitter @sextante.
Além de informações sobre os próximos lançamentos,
você terá acesso a conteúdos exclusivos e poderá participar
de promoções e sorteios.

Se quiser receber informações por e-mail,
basta cadastrar-se diretamente no nosso site.

Para enviar seus comentários sobre este livro,
escreva para atendimento@esextante.com.br
ou mande uma mensagem para o Twitter @sextante.

Editora Sextante
Rua Voluntários da Pátria, 45 / 1.404 – Botafogo
Rio de Janeiro – RJ – 22270-000 – Brasil
Telefone: (21) 2538-4100 – Fax: (21) 2286-9244
E-mail: atendimento@esextante.com.br